너무 재밌어서
잠 못 드는
경제학

너무 재밌어서
잠 못 드는 경제학

초판 1쇄 인쇄 2020년 2월 26일
초판 1쇄 발행 2020년 3월 3일

지은이 나카무라 다카유키
옮긴이 노경아

펴낸이 이상순 주간 서인찬 편집장 박윤주 제작이사 이상광
기획편집 박월 김한솔 최은정 이주미 이세원 디자인 유영준 이민정
마케팅홍보 이병구 신희용 김경민 경영지원 고은정

펴낸곳 (주)도서출판 아름다운사람들
주소 (10881) 경기도 파주시 회동길 103
대표전화 (031) 8074-0082 팩스 (031) 955-1083
이메일 books777@naver.com 홈페이지 www.books114.net

생각의길은 (주)도서출판 아름다운사람들의 교양 브랜드입니다.

ISBN 978-89-6513-579-1 (03320)

《HAJIMETE NO KEIZAI SISOUSHI ADAM SMITH KARA GENDAI MADE》
© Takayuki Nakamura, 2018
All rights reserved.
Original Japanese edition published by KODANSHA LTD.
Korean publishing rights arranged with KODANSHA.
through EntersKorea Co., Ltd.

너무 재밌어서 잠 못 드는 경제학

나카무라 다카유키(中村隆之) 지음 | 노경아 옮김

좋은 돈벌이와 나쁜 돈벌이

"돈을 버는 게 나쁜가요?"

누군가 이렇게 묻는다면 여러분은 어떻게 대답하겠는가? 경제학의 아버지 애덤 스미스라면 이렇게 대답했을 것이다.

"돈벌이는 좋은 돈벌이와 나쁜 돈벌이로 나뉩니다. 열심히 노력해서 남을 기쁘게 한 대가로 돈을 버는 것은 좋은 일입니다. 하지만 손님을 속이거나 가격을 담합해 돈을 버는 것은 나쁜 일입니다."

이견이 없을 만한 너무나도 상식적인 답변이다. 경제학이 무엇인지를 이해하기 위해서는 이처럼 좋은 돈벌이와 나쁜 돈벌이를 구분할 필요가 있다. 좋은 돈벌이를 촉진하고 나쁜 돈벌이를 억제함으로써 사회를 풍요롭게 만들고자 하는 학문, 그것이 경제학이기 때문이다.

애덤 스미스가 18세기 사람이니 경제학의 역사는 250년쯤 된 셈이다. 그동안 위대한 경제학자가 여럿 등장했고, 경제 자체의 양상도 많이 달라졌다. 그러나 가장 큰 주제는 변하지 않았다. 바로 '어떻게 하면 좋은 돈벌이를 촉진하고 나쁜 돈벌이를 억제하느냐' 하는 것이다. 경제학의 발전도 이 주제를 다루는 과정, 즉 나쁜 돈벌이가 득세할 때마다 그것에 대처할 수단을 제시하는 과정 속에서 이루어져 왔다.

예를 들어, 악덕 기업밖에 없어 모든 노동자가 착취당했던 19세기에는 기업의 돈벌이 방식을 문제 삼는 경제학이 등장했다. 또 사회가 풍요로워져서 저축하려는 사람은 많은데, 새로운 사업에 도전하려는 의욕을 가진 사람은 적었던 20세기에는 돈으로 돈을 버는 '이자'라는 돈벌이 수단을 문제 삼는 경제학이 등장했다.

이런 관점은 어쩌면 경제학의 역사를 너무 단순화한 것인지도 모른다. 그럼에도 굳이 이런 관점을 택한 이유는 여러분이 하나의 일관된 이야기를 통해 경제학사의 방향성을 파악할 수 있게 되길 바랐기 때문이다.

여기에서 방향성이란 '좋은 돈벌이'의 개념이 변화되어가는 과정을 말한다. 초기의 경제학은 합리적인 경쟁 속에서 돈벌이가 이루어진다는 점을 전제로 하고 있었고, 따라서 부를 '소유한' 사람의 돈벌이를 좋은 것으로 여겼다. 부를 소유한 사람이 자신의 재산을 투자해 돈벌이를 할 때, 그는 자신의 지식을 이성적으로 활용할 것이라 믿었기 때문이다. 부를 소유한 사람 모두가 그 부를 합리적이고 이성적으로 활용할 수 있는 자질을 갖춘 것이 아님에도 말이다.

경제학의 역사에서는 이 점이 항상 문제였다. '부를 소유한 자가 경제적으로 활약하는 것은 좋은 일'이라는 사고방식이 점점 쇠퇴하고, 대신 '부를 활용할 만한 지식과 지성이 있는 사람이 경제활동을 하는 것이 좋은 일'이라는 사고방식이 강해진 것도 이 때문이다

부를 소유한 자와 부를 활용하는 자

투자 은행 리먼 브러더스에서 시작된 2008년 세계금융위기 이후, 현재를 사는 우리에게 경제사의 큰 방향성을 파악하는 일은 매우 큰 의미가 있다. 우리 중 몇몇은 여전히 '우리의 경제 구조, 이대로 괜찮을까?'라는 의문을 품고 있을 것이기 때문이다. 비록 당시로부터 시간이 한참 흐른 지금, 대부분의 사람이 '정상이 아니다!'라는 생각과 함께 느꼈던 그때의 위화감과 분노는 모

두 잊고 말았지만 말이다.

2008년, 당시의 경제 상황은 돈을 가진 사람들이 돈을 더 불리는 '머니 게임'을 즐기며 벌 만큼 벌고 난 뒤, 그 과정에서 생긴 막대한 손실에 대한 청구서를 정부가 떠안은 것이었다. 서민의 감각으로 볼 때 이는 당연히 정상이 아니었다. 하지만 정부가 체면 불고하고 재정 지출을 확대, 빚을 떠안으면서 고비를 넘겼고, 그 덕분에 1930년대 같은 대공황은 일어나지 않았다. 그리고 얼마 뒤 경제는 안정을 되찾은 것처럼 보였고, 오늘날의 우리들 대부분은 그때를 잊고 말았다.

그러나 우리는 그때를 잊지 말아야 하며, 경제학의 역사적 방향성 또한 잊지 말아야 한다. 세계금융위기 이전에 거액의 돈을 마치 제 것인 양 굴리며 막대한 부를 축적했던 금융 엘리트들은 사람들의 삶의 질을 개선하는 데 필요한 지식과 지성을 갖추지 못한 사람들이었다. 다시 말해 그들은 이미 경제의 주역 자격을 상실한 상태였다. 그런데 이 같은 일, 즉 부자들이 아무도 돕지 않고 그저 돈을 불리기만 하는 일은 '나쁜 돈벌이'이므로 이런 일을 최대한 줄이는 방향으로 발전되어온 경제학은 이에 대한 답을 해야 했다.

우리는 어떤 시대에 살고 있으며 앞으로 어떤 방향을 향해 나아가야 할까? 이 물음에 대한 답을 고민하는 사람들에게 경제사, 그중에서도 경제사상사만큼 의지가 되는 것도 없을 것이다. 지금까지 우리가 어떤 생각을 하고 어떤 방향을 향해 걸어왔는지를 알아야 비로소 가짜 상식과 타성을 벗어나 진정한 의미의 사고를 할 수 있을 테니 말이다.

억 단위의 돈을 움직이는 금융 엘리트들과 증권회사에서 융숭한 대접을 받는 부자들은 평범한 일을 하며 평범하게 사는 우리 서민과는 다른 세상 사람이니 우리와는 별 상관없는 존재들이라 생각할 수도 있을 것이다. 그러나 부를 소유한 사람들과 그들의 부를 활용하는 노동자들의 관계는 평범하게 사는 사람들의 삶에 엄청나게 큰 영향을 미친다.

전기회사에서 일하는 평범한 회사원을 생각해보자. 그 사원은 일을 통해 회사를 소유한 자(주주)의 이익에 공헌한다. 그러나 평소에는 그러한 사실을 의식하지 못한다. 대신 자신은 생계를 위해 일하고 있으며, 동시에 사람들이 필요로 하는 전기제품을 만듦으로써 사회의 이익에 공헌하고 있다는 정도의 의식만을 가지는 것이 보통이다. 이런 의식으로 인해 고도 성장기에 TV, 냉장고, 세탁기를 만들었던 전기회사 사원들은 좀 더 풍족해진 삶에 대한 만족감과 함께 자신들이 사람들의 생활을 개선하는 최전방에서 일하고 있다는 것에 자부심을 느꼈을 것이다. 그런데 요즘은 어떤가? 표면적으로 보면 전기회사 사원은 고도의 편의성을 가진 전기제품을 속속 선보임으로써 사람들을 기쁘게 하고 있다. 또한 자신의 이익만 추구하는 것이 아니라 사회에 기여를 하는 기업이 되어야 한다는 점, 즉 CSR(Corporate Social Responsibility, 기업의 사회적 책임)을 호소하기도 한다.

그런데 오늘날의 전기회사 사원이 과연 자신의 노동이 사람들의 생활을 개선하는 데 도움이 되고 있다고 진심으로 믿고 있을까? 고화질 대화면 TV를 팔 때, 고객은 "어머, 예쁘다"라고 잠깐 놀라는 척 해줄지는 모른다. 그러나 그것은 한순간일 뿐이다. TV를 신제품으로 바꾸더라도 사람들의 삶의 질은 그다지 나아지지 않는다. 전기회사 사원도 이를 생활 속에서 경험해봤기에 그 정도는 알고 있다. 사실 그는 그런 것이 아닌 특별한 제품, 즉 정말로 사람들의 생활을 개선해줄 수 있는 전기제품을 만들고 싶은 마음이 간절할 것이다. 그러나 그는 디지털 방송이니 4K니 하는 기술 갱신으로 얻어지는 이익, 즉 구식 상품을 강제로 몰아내는 방식을 통한 수요 창출 압박을 배겨낼 도리가 없다.

"나는 소비자에게 첨단 제품을 쓸데없이 떠안기는 사람이 아니다. 나는 진정한 의미에서 생활을 개선하는 제품을 만드는 사람이다. 그러니 회사도 그런 방향으로 나아가야 한다"라고 말하고 싶지만, 그렇게 말할 수 없는 이유는 무엇 때문일까? 왜 자신의 신념을 말하지 못할까? 아니 왜 자신이 속이고 있다는 사실조차 잊어버렸을까? 이 질문에 대한 대답의 근원에는 '회사는 소유자, 즉 주주의 이익을 담는 그릇'이라는 대전제가 존재한다. 노동자는 그 그릇 속에서만 일할 수 있기에 그는 자신의 신념을 말할 수 없고, 속이고 있다는 사실조차 잊을 수밖에 없는 것이다.

부를 소유한 자는 '이익을 창출하라'는 명령을 내리고, 부를 활용하는 노동자는 '가치를 창출'한다. 이러한 둘 사이의 역학관계가 바로 경제학의 최전방을 결정한다. 경제사상사는 바로 이것, 즉 지금의 역학관계에 이르기까지 경제학이 어떤 여정을 거쳐왔는지를 우리에게 보여준다. 처음에는 부를 소유한 사람이 경제의 주역으로 활약했으나 점차 부를 활용하기에 알맞은 사람이 주역의 자리로 올라섰고, 부를 소유한 자는 자연스레 주역의 자리에서 물러나게 되었다. 이것이 경제사상사의 큰 흐름이다. 미래의 경제를 그려보는 데 있어 이 큰 흐름을 아는 것은 매우 큰 도움이 될 것이다.

소유자가 후퇴하는 역사

경제학의 역사를 다루는 과정에서 소개할 경제학자는 애덤 스미스, 존 스튜어트 밀, 앨프리드 마셜, 존 메이너드 케인스, 카를 마르크스, 그리고 프리드리히 하이에크와 밀턴 프리드먼이다.

스미스는 자본주의 경제를 긍정적으로 바라본 경제학자다. 비록 보상과 노력의 비례성이라는 관점에서는 현격한 격차가 있어 공평하지 않은 구조지만 말이다. 스미스는 노동자가 일을 통해 가치를 창출하는 것과 부를 소유한 자가 어디에 자본을 투입할지 결정하는 것이 경제의 양 날개로 작용하여 사회에 풍요를 가져온다고 생각했다. 그렇다고 그가 모든 돈벌이를 긍정하거나 현격한 격차를 그대로 수긍한 것은 아니다. 스미스는 자본주의 경제를 긍정하기 위한, 즉 돈벌이가 '좋은 돈벌이'이기 위한 도덕적 조건을 설정했다. 이 조건이 무엇이었는지 알아두면 이후 경제학의 전개 방향을 이해하는 데 큰 도움이 된다.

스미스의 뒤를 이어 등장한 밀과 마셜은 돈벌이가 스미스의 도덕적 조건을 충족하지 못하게 된 탓에 노동자들이 불공정한 취급을 받는 현실을 목격한다. 그래서 그들은 노동자를 공정하게 취급하는 사업 경영자의 자세를 제시했다. 도덕적인 자질을 갖춘 사람을 돈벌이의 주역이 되게 함으로써 스미스가 제시한 이상적 조건을 회복시키려 한 것이다.

한편, 케인스는 '부를 소유한 사람'과 '부를 실제로 활용하는 사람'이 완전히 분리된 현실에 주목했다. 자산을 소유한 자의 돈벌이는 사업 경영자의 돈벌이와는 다른 측면이 있다. 사업 경영자는 노동력을 통해 가치를 창출하고 고객을 기쁘게 해 돈을 벌고자 하지만, 자산 소유자는 그렇지 않다. 그들의 세상에서는 스미스의 조건이 충족되지 않는다. 심지어 자산 소유자의 돈벌이는 사업 경영자의 좋은 돈벌이를 방해하기까지 한다. 그래서 케인스는 자산 소유자의 돈벌이가 만들어내는 방해 요소들을 제거하기 위한 대담한 개혁, 즉 케인스 정책을 제안했다. 케인스의 이러한 정책은 '좋은 돈벌이'의 조건을 회복시키기 위한 정책, 즉 스미스의 도덕적 조건을 재정비하기 위한 정책이라고 할 수 있다.

다음으로 소개할 마르크스 역시 밀, 마셜, 케인스처럼 스미스의 도덕적 조건을 회복시키려 한 경제학자다. 마르크스는 밀과 거의 동시대를 산 19세기 사람이므로 케인스보다 시대적으로는 앞선 인물이다(케인스는 마르크스가 사망한 1883년에 태어났다). 그런데도 케인스를 먼저 소개한 것은 마르크스에게서 밀, 마셜, 케인스가 던진 질문에 대한 해답을 찾을 수 있기 때문이다. 요는 이렇다. 마르크스는 스미스의 이상적 조건이 무너진 근본적 원인이 '사유재산권'에 있다고 생각했다. '마음대로 소유하고, 마음대로 써도 된다'는 그 권리로 인해 부가 사회성을 외면한 채 폭주하게 되었다는 것이다. 그래서 마르크스는 '사적 소유'를 넘어선 미래의 개념으로 '개인적 소유'를 주창했다. 우리는 마르크스의 이러한 생각을 통해 소유자가 주역의 자리에서 물러난 이후의 세상을 그려볼 수 있다.

스미스, 밀, 마셜, 케인스, 마르크스를 통해 우리는 '부를 소유한 자가 주역의 자리에서 물러나는' 방향으로 진행되는 경제사 상사의 큰 흐름을 확인할 수 있을 것이다. 그런데 누군가는 이에 대해 고개를 갸웃할지도 모르겠다. '정말 그런 흐름만으로 두루뭉술하게 경제사를 이해해도 되는 걸까?' 하면서 말이다.

이러한 의문의 배경에는 다음과 같은 생각들이 있을 듯하다. "노동자를 중시한 사회주의는 실패했다. 고용보장이나 기회균등을 정부의 힘으로 실현하려 했던 케인스주의적 복지국가 체제도 1970년대 세계 경제의 위기와 함께 실패하고 말았다. 비록 현저한 격차가 존재한다고 하더라도 결국 노동자의 권리나 안정보다 자본의 자유로운 이익 추구를 우선시하는 체제를 선택해야 경제에 활력이 생기고 성장이 유지되는 게 아닐까? 게다가 지금은 1980년대에 출범한, 시장을 중시하는 신자유주의 경제관이 상식처럼 되어 있는 시대이지 않은가?"

물론 이러한 상식은 분명 존재한다. 그리고 이러한 상식 측면에서 보면 부의 소유자는 후퇴하지 않으며 후퇴해서도 안 되는 존재다. 최근 자주 듣게 되는 '기업 지배구조'[1]라는 개념도 '기업은 주주의 소유이므로 주주의 이익에 반하는 형태로 자원을 낭비하지 않게 하기 위해 기업을 감시하고 통제하는 기구가 필요하다'는 의미로 쓰일 때가 많다. 심지어 그것은 낭비가 많고 민감한 정보를 은폐하기까지 하는 나쁜 회사의 체질을 바꾸어줄 올바른 구조로까지 여겨진다. 상식은 이처럼 강력하다.

그러나 이 상식은 사상적 조류가 만들어낸 일시적 통념에 불과하다. 경제학의 기조는 여전히 부를 소유한 자가 주역의 자리에서 물러나는 방향을 유지하고 있다. 물론 이런 주장에 대해 독자는 쉽게 동의하지는 않을 것이다. 그래서 이 책에서는 '소유자의 후퇴'라는 큰 흐름을 거슬러 오늘날의 이와 같은 상식을 만들어낸 경제학자들의 사상도 소개하였다. 이들의 사상 또한 경제사상사 속에서 평가해야 할 필요가 있기 때문이다.

오늘날 이와 같은 상식을 만들어낸 경제학자는 바로 자유주의적 경제학을 주도한 하이에크와 프리드먼이다. 먼저 하이에크는 분산된 지식을 효과적으로 활용할 수 있는 자유로운 시장 경제를 지지한 경제학자다. 그의 주장은 다음과 같다.

'아이디어가 누구에게 있는지 아무도 모르므로 각자가 가진 지식을 활용할 자유로운 기회가 보장되어야 한다. 그리고 그러

---

1 Corporate Governance, 기업 경영의 통제에 관한 구조. 기업 경영에 직간접적으로 참여하는 주주·경영진·노동자 등의 이해관계를 조정하고 규율하는 제도적 장치 및 운영기구를 말한다.

려면 자유경쟁 시장과 그것을 지지해줄 수 있는 사유재산권 제도를 채택해야 한다. 이 제도는 인간이 머리로 생각해서 만드는 것이 아니라 자생적(자연 발생적)으로 생긴 것이므로 이 질서를 중시하는 구조야말로 장기적으로 경제를 번영시키고 우리 사회를 풍요롭게 만들 것이다. 그러므로 경제에 인위적으로 개입하거나 인간의 머리로 또 다른 제도를 설계해서는 안 된다.'

한편, 프리드먼에 따르면 부를 소유한 자가 주역의 자리에서 물러나서는 안 되는데, 왜냐하면 '부를 소유한 자야말로 지식을 활용하기 위해 가장 책임 있게 행동할 사람'이기 때문이다. 누구나 자신의 재산은 신중하게 사용하지만 위탁받은 재산은 좀 더 가볍게 사용하기 마련이기 때문이다.

그런데 부를 소유한 자에 관한 이러한 생각들이 지금의 현실에도 들어맞을까? 이 주장은 이미 주역에서 물러난 부를 소유한 자를 억지로 복귀시키자는 말로 들릴 뿐이다. 하이에크의 자유주의는 그나마 지식론이나 자생적 질서 등의 개념을 바탕에 둔, 즉 사상적 기반이 꽤 탄탄한 주장이었다. 하지만 프리드먼의 자유주의는 딱히 그렇지도 않다. 그런데도 '시장은 선, 정부는 악'이라고 단정하는 태도, 즉 시장주의라고 부르는 그의 태도는 무척이나 단순해서 현실을 변화시키기에 충분한 영향력을 발휘했다(그래서 지금도 예의 그 상식을 지배하는 이론가로 추앙받고 있다).

그러나 시장주의라는 단순한 사고방식만으로는 경제 문제의 본질을 파악하기 어렵다. 이에 대해서는 '회사 지상주의'에 시장주의가 어떤 처방을 내렸는지 설명할 때 상세히 다루도록 하겠다.

하이에크와 프리드먼은 '소유자의 후퇴'라는 경제사상사의 커다란 방향성을 거스르는 주장을 한 학자들이다. 따라서 그들은 경제학의 본류에서 벗어나 있다. 그렇다면 본류에 속한 학자들은 오늘날, 경제학의 최전방에서 어떤 주장을 펼치고 있을까? 이를 알아보기 위해 이 책의 후반부에서는 현대 경제이론(조직 경제학)에 대해 살펴볼 것이다. '소유자가 절대적인 지배권자'라는 사고방식은 현대의 조직 경제학에서는 더는 통용되지 않는다. 왜 그렇게 되었는지, 회사의 소유자인 주주의 관점에서 살펴보도록 할 것이다.

마지막으로 밝혀둘 것은 이 책에서 제시한 경제사상사의 방향성(소유자의 후퇴)을 기준으로 생각하면, 현대 경제이론이 도달한 결론(잠정적 주주 주권제) 또한 종착점이 아니라는 것이다. 즉, 회사의 부는 주주의 사유물이 아니라는 것이다. 따라서 결국에는 부를 활용할 만한 지식과 지성을 갖춘 현장에서 일하는 사람들에게 회사는 맡겨져야 한다.

부를 자본의 형태로 집약하여 사업활동의 거점으로 삼는 방식은 앞으로도 바뀌지 않을 것이다. 그러나 앞으로는 사업과 직접 관련이 없는 소유자가 그 사업의 최종 책임자가 되어선 안 된다. 사업은 기본적으로 사회성을 띠고 있기에 경제적 손해를 떠안는 것만으로는 책임이 끝나지 않기 때문이다. 그러니 사업에 직접 종사하는 사람에게 부를 위탁하고, 그 부가 사회 안에서 적절히 활용되고 있음을 증명할 사회적 책임을 가진 사람, 즉 사업에 직접 종사하는 사람에게 사업을 맡기는 것이 최선이다. 이 책은 이러한 자본주의 경제의 미래를 그려보기 위한 시도이다. 경제사상사의 큰 방향성을 이야기하는 것도 물론 이를 위해서다.

차 례

머리말

좋은 돈벌이와 나쁜 돈벌이	4
부를 소유한 자와 부를 활용하는 자	6
소유자가 후퇴하는 역사	10

제1장 │ 자본주의의 도덕적 조건
애덤 스미스 Adam Smith

자본주의와 도덕성, 공정성의 양립	24
애덤 스미스의 생애	25
부유한 나라는 어떤 나라인가?	29
나라를 부유하게 만드는 원리 ①	30
'공감'이 윤리를 형성한다	34
돈벌이와 도덕적 삶은 양립한다	37
나라를 부유하게 만드는 원리 ②	40
자본주의 경제체제에서 '불공정'은 어디까지 허용되는가?	43
전체의 부를 증진시키기 위한 불공평	48
강자와 약자의 공존공영	49
자본주의의 도덕적 조건	56

제2장 | 노동자계급에 대한 분배와 성장
존 스튜어트 밀 John Stuart Mill 과 앨프리드 마셜 Alfred Marshall

자본주의의 도덕적 조건이 무너지다	60
존 스튜어트 밀의 생애	61
노동자계급의 빈곤	65
리카도의 기계적 경제관	67
노동자계급의 빈곤을 해결하기 위한 밀의 분배론	72
스미스의 '자본주의의 도덕적 조건'과 밀의 '분배론'	76
앨프리드 마셜의 생애	78
성장론을 지향한 마셜과 정태 균형론을 주장한 발라스	83
성장론의 열쇠가 될 제4의 생산요소 '조직'	85
유기적 성장을 위한 '경제 기사도'와 '인생 기준'	88
바람직한 자본주의의 실현 방법	90

제3장 | 금융이 자본주의를 왜곡한다
존 메이너드 케인스 John Maynard Keynes

이자와 저축이 경제를 망친다?	94
존 메이너드 케인스의 생애	96
금본위제 부활 정책의 속내	104
금융과 산업, 어느 쪽 이익이 더 중요한가?	107
케인스가 '금본위제'를 신랄하게 비판한 이유	109
'투자가'와 '기업가'를 명확하게 구분한 케인스의 경제관	113
과거 경제학의 윤리를 부정하다	115
유동성 선호 이론과 불확실성	119
'금융'이 '산업'을 점령한 투기 자본주의	122
케인스의 불확실성 이론과 현대 경제학	127
'케인스 정책'의 진정한 의미	131

제4장 '사유(私有)'를 다시 묻다
카를 마르크스 Karl Marx

마르크스는 살아 있다   138

카를 마르크스의 생애   139

사유재산권을 넘어서 새로운 경제체제로   142

변질된 사유재산의 의미   146

자본주의는 근대 시민사회의 변질   150

'Individual한 소유'와 'private한 소유'   152

개인적 소유의 가능성   155

자술리치 서신에 등장한 'individual한 소유'   156

사유재산권을 지키는 사회에서 부를 사용자에게 위탁하는 사회로   159

제5장 사유재산권의 절대성
프리드리히 하이에크 Friedrich Hayek

경제사상사의 지류   164

프리드리히 하이에크의 생애   166

사회주의 경제 계산 논쟁에서 언급된 시장의 의미   171

자생적으로 형성된 질서에 대한 신뢰   175

사회 정의에 대한 집착이 사유재산권을 위협한다   179

자유를 지키기 위한 법의 지배   181

하이에크는 보수주의자가 아니다   182

케인스는 하이에크의 《노예의 길》을 어떻게 평가했을까?   184

하이에크의 사유재산권의 절대성   187

제6장 | 시장주의의 선동자
밀턴 프리드먼 Milton Friedman

현실정치와 주도권   194

정부가 하는 일은 악, 시장이 하는 일은 선   195

현실정치는 얄팍한 사상으로 움직인다   196

밀턴 프리드먼의 생애   202

시장주의를 선동한 '통화주의'   203

시장주의로 보는 차별 문제   205

'회사 지상주의'에 대한 처방전   208

시장주의는 진짜 자유주의가 아니다   213

시장주의는 스미스를 계승한 것이 아니다   217

제7장 | 현대 경제학은 주주를 어떻게 평가하는가?
조직 경제학

경제사상사 돌아보기 ①   222

경제사상사 돌아보기 ②   226

주주의 지위는 후퇴할까 강화될까?   228

통념적 주주 주권론   231

통념적 주주 주권론의 결함   233

조직에 지배권을 위임할 경우의 문제점   235

잠정적 해답은 주주 주권이다   238

'잠정적 주주 주권'을 넘어서   240

스미스에서 시작해 스미스로 돌아가다   243

제1장

자본주의의
도덕적 조건

애덤 스미스
Adam Smith

자본주의와 도덕성, 공정성의 양립

애덤 스미스 Adam Smith는 모든 개인이 돈벌이를 추구하는 자유 경쟁시장을 긍정적으로 바라본 경제학자로 유명하다. 그렇다고 그가 자신의 이익만 생각하는 이기적인 인간상까지 긍정적으로 본 것은 아니다. 《도덕 감정론》(*The Theory of Moral Sentiments*, 1759) 의 저자이기도 한 그는 사회질서 부분에서 '도덕성'과 '공정성' 을 선택과 판단의 근거로 삼았다. 즉, 그는 자본이나 토지를 가진 자와 그것을 갖지 못한 자의 격차가 현저해지는 '자본주의 경제' 속에서도 도덕성과 공정성은 유지되어야 한다고 믿었다.

스미스는 자본주의와 도덕성, 공정성이 양립하기 위해서는 일정한 조건이 갖추어져야 한다고 생각했는데, 그의 '자본주의의 도덕적 조건'은 이후 경제학의 역사를 이해하는 데 있어 매우 중요한 개념이다. 왜냐하면 이 조건이 무너진 현실, 즉 나쁜 돈벌이가 득세하는 현실에 어떻게 대처하느냐가 이후 경제학자들의 공통된 과제였기 때문이다. 앞서 말했듯, 이후 경제학의 역사는 밀, 마셜, 케인스, 마르크스로 이어지는데, 그들의 경제학은 스미스가 제시한 자본주의의 도덕적 조건이 무너진 현실에 맞서 어떻게 하면 그 조건을 다시 충족시킬 수 있을지를 고민한 결과라 할 수 있다.

스미스가 제시한 '자본주의의 도덕적 조건'을 더 잘 이해하기 위해 먼저 그의 생애를 대략적으로나마 살펴보도록 하겠다.

애덤 스미스의 생애

애덤 스미스는 1723년, 스코틀랜드의 커콜디(수도 에든버러 북쪽 포스 만에 위치한 항구 도시)에서 태어났다. 아버지는 유력 인사와 긴밀한 관계를 유지할 정도로 야심만만한 관세 감독관이었지만 안타깝게도 스미스가 태어나기도 전에 세상을 떠나고 말았다. 다행히 관세 감독관의 임금은 상당히 높았던 터라 스미스의 어머니는 매우 많은 유산을 상속받아 그를 양육할 수 있었다.

열네 살인 1737년, 글래스고 대학에 입학한 스미스는 도덕 철학과 교수인 프랜시스 허치슨[2]에게서 자유를 중시하는 진취적인 정신을 배웠다. 그 후 잉글랜드의 옥스퍼드 대학에서 공부했고, 1746년에 스코틀랜드로 돌아왔다. 1748년부터 에든버러에서 실시한 공개 강의가 높은 평가를 받았고, 1751년에는 모교

---

2 프랜시스 허치슨(Francis Hutcheson, 1694~1746) 18세기 영국의 도덕 감각학파. 인간의 심성에는 이기적 경향과는 별개인 이타적 경향이 있다고 주장했다. 또한 미적 감각이 있는 것처럼 옳고 그름을 판단하는 보편적인 도덕 감각이 있다고 주장하여 공리주의자들에게 많은 영향을 끼쳤다.

인 글래스고 대학 교수가 되어 첫해에는 논리학을, 이듬해부터는 도덕 철학을 가르쳤다.

그리고 얼마 뒤인 1759년《도덕 감정론》을 출간하면서 학문적 명성을 확립하였다. 스미스는 이 책에서 '사회질서는 인간의 자연적 능력인 공감sympathy에서 나온다'고 주장했다. 이는 사회질서는 권위적인 교육이나 권력에 의해 강제로 형성될 수 없다는 뜻인데, 이 말에서 자유를 중시한 스승 허치슨의 영향을 엿볼 수 있다.

1764년, 스미스는 귀족 자제의 유럽 유학에 가정교사로 동행하기 위해 글래스고 대학을 사직했다. 대륙으로 건너간 스미스는 프랑스의 일류 지식인들과 교류할 수 있었다. 그중 특히 경제를 '자본 활동'으로 간주했던 자크 튀르고[3]가 스미스의 경제학 저작 구상에 큰 영향을 끼쳤다. 스미스는 프랑스로 가기 전부터 경제학 저작인《국부론》(*Wealth of Nations*, 1776)을 준비하고 있었다. 그런데 이 초기 원고에는 경제를 자본의 활동으로 보는 관점이 전혀 없었다. 따라서《국부론》의 자본주의적 경제관은 튀르고의 통찰을 도입한 결과라 할 수 있다.

3　안 로베르 자크 튀르고(Anne-Robert-Jacques Turgot, 1727~1781) 뛰어난 중농주의 이론가 중 한 명으로 프랑스 중서부 도시인 리모주 지사였으나, 나중에는 루이 16세 때 재무장관으로서 자신의 이론을 현실에 적용하려 했다.

애덤 스미스
Adam Smith
(1723~1790)

1766년 이후, 고향으로 돌아온 스미스는《국부론》집필에 전념했다. 그리고 1776년 3월, 당시 최대의 시사 문제였던 미국의 독립 문제와 관련된 내용을 추가한《국부론》을 출간했다. 경제학 사상 최초의 체계적 저서인 이 책은 2권짜리(약 1,100페이지) 대작이었음에도 깊은 통찰에 근거한 그의 자유주의적 주장이 설득력을 발휘한 덕분에 세간에서《도덕 감정론》보다 더 큰 반향을 일으켰다.

1778년, 스코틀랜드 관세 위원으로 임명된 스미스는 성실하고 근면하게 임무를 수행하는 한편, 지속적인 연구를 통해《도덕 감정론》을 제6판까지,《국부론》은 제5판까지 개정했다. 스미스는 저작을 많이 남기지 않아 완성된 책은《도덕 감정론》과《국부론》뿐이고 그 외의 것이라고 해봐야 글래스고 대학 시절 그의 강의를 들은 학생의 강의 노트(*Lectures on Jurisprudence*, 1763)와 그의 유고를 정리한《철학 논문집》(*Philosophical Subjects*, 1795) 정도다. 그러나 그의 사상이 가진 철학적 깊이와 보편성 덕분에 지금까지도 위대한 경제학자로 손꼽히고 있다.

부유한 나라는 어떤 나라인가?

스미스가 태어나기 전인 1707년, 스코틀랜드는 공업 생산력과 군사력 면에서 우월했던 강국 잉글랜드에 합병되었다. 그런데 이 무렵 잉글랜드는 이웃인 프랑스와 많은 전쟁을 치르며 패권을 다투고 있었다. 1701년부터 1714년까지는 스페인 왕위 계승 전쟁이, 1740년부터 1748년까지는 오스트리아 왕위 계승 전쟁이, 1756년부터 1763년까지는 7년전쟁이 이어졌다. 특히 7년전쟁은 유럽에서 일어난 전쟁이지만, 식민지 미국의 독립전쟁을 촉발시킨 것으로도 잘 알려져 있다.

영국이 이처럼 많은 전쟁을 한 이유는 당시에는 전쟁이 나라를 부유하게 만드는 수단으로 여겨졌기 때문이다. 많은 사람이 '군사력을 강화하여 되도록 많은 식민지를 만들고 독점 사업을 경영하여 큰 이익을 얻는 것은 좋은 일이다. 또 해외 사업을 통해 국내에 금은이 들어오면 화폐 순환이 촉진되어 경제가 활성화된다'라고 생각했다. '중상주의'로 불리게 된 이 사상은 스페인과 포르투갈이 패권을 다투던 대항해 시대와는 다른 형태로 유럽제국 경제정책의 기본이 되었다. 강자, 즉 지배자가 되어 금은을 들여옴으로써 나라를 부유하게 만든다는 발상은 당시에는 상식이었던 셈이다.

자본주의의 도덕적 조건

그런데 스미스가 이 상식에 의문을 제기했다. '중상주의 정책으로 나라를 부유하게 만든다는 큰 방침, 그리고 그 기본이 되는 생각, 즉 '강자(지배자)'가 되면 나라가 부유해진다는 생각은 과연 정당할까?' 이것이 바로 스미스 경제학의 주제였다. 그는 이 문제에 관련해 '과연 국가의 부란 무엇인가?'라는 근본적인 질문을 던졌다.

나라를 부유하게 만드는 원리 ①
자유경쟁 시장의 공정한 평가가 국민의 힘을 이끌어낸다

나라가 부유하다는 것은 어떤 의미일까? 다른 나라를 지배할 만한 군사력이 있으면 부유한 나라인가? 혹은 무역을 통해 다른 나라에서 금은을 많이 벌어들이면 부유한 나라가 되는 걸까?

스미스는 둘 다 틀렸다고 말한다. '부유한 나라의 원천은 외부에 있지 않다. 부유한 나라란, 풍부한 생산력을 갖춘 나라며 사람들이 그 생산물을 소비함으로써 잘 사는 나라다. 그러므로 국부의 원천은 그 나라의 내부, 즉 국민의 근면한 노동으로부터 나온다. 국민이 열심히 일함으로써 생활을 풍요하게 만들어줄 재화와 서비스를 창출하는 나라가 부유한 나라, 즉 풍요로운 나라다'라는 것이다.

좀 더 정확히 말해, 나라의 부를 결정하는 것은 노동을 통해 얼마나 많은 재화와 서비스가 창출되느냐 하는 것, 곧 '노동 생산성'에 의해 결정된다. 즉, 적은 시간의 노동으로도 유용한 재화와 서비스를 많이 창출할 수 있는 나라가 부유한 나라다. 그러면 노동 생산성을 높이는 방법은 무엇일까? 스미스는 그것을 '분업'이라고 생각했다.

《국부론》에서는 이를 핀 제조 공장 예를 통해 설명한다. 철사를 늘이고 똑바로 펴고 절단하고 뾰족하게 다듬고 대가리를 붙이기 위해 끝을 깎는 등, 핀을 만드는 공정은 총 18가지다. 만약 각각의 공정 모두를 숙련되지 않은 사람 혼자 진행한다면 하루에 한 개의 핀도 완성하지 못할 것이다. 그러나 이 공정을 숙련된 많은 사람(스미스가 본 공장에는 10명이 있었다)이 나눠서 진행하면 하루에 총 48,000개, 한 사람당 4,800개를 만들어낼 수 있다.

스미스는 이런 원리가 사회 전체에도 통용되리라 생각했다. 즉, 사람들이 각자 다른 직업에 종사하면서 각각 다른 전문적 지식을 익히고 기술을 숙련한다면 전체 생산량을 늘릴 수 있으리라는 것이다. 사회적 동물인 인간은 이처럼 분업함으로써 각기 다른 재능을 육성하고 그 성과를 교환할 수 있는 능력이 있다(이런 교환은 다른 동물에게는 없는 인간만의 특유의 속성이다). 스미스는 이것을 '재능의 차이를 사회의 공유재산으로 만드는 일'이라고 표현한다.

스미스가 볼 때, 지식과 기술을 심화하려면 되도록 일을 세분화해 한 분야에 집중하게 해야 한다. 그러나 세분화가 다 좋은 것은 아니다. 분업의 정도, 얼마나 일을 세분화하느냐는 수요량에 의해 제약을 받는다. 예를 들어 100명의 공동체 내에서도 분업은 이루어지겠지만, 소비량이 한정되어 있으므로 너무 세분화하여 너무 많은 양을 생산하는 것은 오히려 낭비다. 100명이 사는 마을에서 10명이 하루 48,000개의 핀을 만들어봐야 마을 안에서 그것을 다 소비할 수 없기 때문이다. 즉, 넓은 범위에서 교환할 수 없다면(좁은 공동체 안에서의 교환이라면) 분업의 효과는 충분히 발휘되지 않는다. 이에 비해 시장에서는 화폐를 매개로 하는 교환, 즉 넓은 범위의 교환이 이루어진다. 시장에서는 더 많은 사회 구성원에게 자신의 생산물을 팔 수 있다. 시장을 통해 각각의 사람이 자신의 재능을 발휘함으로써 사회 전체가 풍요로워질 수 있다.

이것이 스미스가 꿈꾸었던 부유한 나라다. 그런데 이러한 나라를 위해서는 각자의 노력이 공정한 보상을 받아야 한다. 노력해도 보상받지 못하는 상황, 가령 노예처럼 혹사당하는 상황에서는 누구도 재능을 발휘하려고 노력하지 않을 것이기 때문이다.

그런데 시장은 과연 생산에 들인 노력을 공정하게 평가해줄까? 스미스는 시장이 공정해지려면 자유경쟁이 작용해야 한다고 주장했다. 경쟁이 작용하면 공급자는 고객에게 되도록 싼 가격으로 재화와 서비스를 제공하려 할 것이다. 그런 조건에서는 가격이 물건을 생산하기 위해 투입한 노력의 양에 비례하게 된다. 노력에 비해 비싼 가격을 매기면 경쟁자가 같은 물건을 더 싸게 팔아 고객을 빼앗을 테니, 가격이 노력에 비례하는 지점까지 저절로 내려간다. 개인은 자신의 이익을 추구할 뿐이지만 자유경쟁 시장이 각자의 노력에 비례하는 공정한 보상을 나눠주는 셈이다.

스미스가 제시한 시장의 모습을 다시 한번 정리해보자. 거기서는 모두가 일을 하며, 돈을 벌기 위해 저마다 재능을 연마한다. 예를 들어, 농부는 보리 키우는 능력을 연마하고, 목수는 집 짓는 능력을 연마한다. 농부가 집 짓는 법을 모르고 목수가 보리 키우는 법을 몰라도 전혀 문제가 되지 않는 것이다. 자유경쟁 시장에서는 원하는 것을 얼마든지 얻을 수 있으니 합리적인 가격으로 필요한 것을 구입하기만 하면 된다. 서로 다른 재능의 연마와 그 재능의 결과물이 사회의 공적 재산이 되는 것이다. 타인의 성과물을 사는 데 필요한 돈은 자신이 노력한 성과물을 자유경쟁 시장에서 팔아서 얻을 수 있다. 그리고 시장은 개인의 노력을 합리적으로 평가해준다. 그래서 10의 노력으로 생산한 물건을 팔아 다른 사람이 10의 노력으로 생산한 물건을 살 수 있다.

이처럼 자유경쟁 시장은 노력의 성과물을 같은 가격으로 교환할 수 있고, 분업을 통해 풍부한 생산과 소비를 창출할 수 있는 경제체제를 만들어낸다.

'공감'이 윤리를 형성한다

한편《국부론》에서는 인간을 '자신의 이익을 위해 열심히 일하는 존재', 즉 이기심으로 일하는 존재로 묘사했다. 그런데 현실경제 속 인간도 자신의 이익밖에 생각하지 않는 존재일까? 그처럼 공공심도 이타심도 없이 제 잇속만 차리는 사람들이 모여 사는 나라가 정말로 부유한 나라, 풍요로운 나라일 수 있을까?

스미스는 현실경제 속 인간을 그렇게 악한 존재라고 생각하지 않았다. 이를 이해하기 위해서는 스미스의 또 다른 저서인 《도덕 감정론》을 살펴볼 필요가 있다.

《도덕 감정론》의 목적은 앞서도 말했다시피 '인간에게는 사회질서를 형성하는 자연스러운 능력이 있다. 인간은 권력의 강제나 권위적인 교육 없이도 질서를 형성하는 존재다'라는 사실을 드러내는 것이었다. 여기서 스미스는 사회질서, 곧 윤리를 형성하는 데 '공감'이 중요한 역할을 한다는 사실을 강조한다.

인간은 누구나 타자의 감정에 '공감'하는 능력을 가지고 있다. 그래서 기쁨이나 슬픔을 느끼는 사람을 보면서 상대의 기쁨과 슬픔에 공감한다. 상대의 사정을 잘 알게 되면 상황이 그러니 '기쁠 것이다' 또는 '슬플 것이다'라고 상상하면서 더 깊이 공감하게 된다. 이처럼 상대가 느끼는 감정을 똑같이 느낄 수 있는 것은 좋은 일이며, 상대도 자신의 마음을 알아준 것에 대해 고맙게 생각한다. 그리고 이러한 상호 공감은 다음과 같은 과정을 통해 윤리를 형성한다.

B가 곤경에 처한 것을 본 A가 B를 도왔다고 하자. 예를 들어, 전철에서 앉아 있던 A가 서 있는 것이 힘들어 보이는 B를 발견하고 자신의 자리를 양보했다. 이 모습을 지켜보던 관찰자 C는 A의 행동을 보고 '나라도 저렇게 했겠지. 나는 당신의 행동을 지지할 거야'라고 생각한다. 반대로 똑같은 상황에서 A가 자리를 양보하지 않았다면 '나라면 양보했을 텐데. 나는 당신의 행동을 비난할 거야'라고 생각한다. 즉 관찰자 C는 A의 행동을 윤리적 관점에서 평가한다. 한편 A는 관찰자에게 인정받으면 기뻐하고, 반대로 관찰자가 인정해주지 않으면 괴로워한다.

사람들은 사회생활을 하면서 이처럼 '관찰자'나 '피관찰자'

가 되는 일을 되풀이한다. 그리고 피관찰자가 될 때마다 자연스럽게 관찰자로부터 공감받을 만한 행동을 취한다. 이런 과정을 통해 사회 내에서 인간이 따라야 할 규범, 즉 윤리가 형성된다. 이렇게 내면에 '피관찰자'로서의 윤리가 형성되면, 우리는 관찰하는 사람이 없더라도 윤리적인 행동을 취하게 된다. 즉 공정한 입장에서 도덕적 평가를 내리는 관찰자를 자신의 마음속에 상정해놓고 그에게 공감받을 만한 행동을 하는 것이다.

이런 평가와 행동은 누구에게나 일어난다. 따라서 스미스가 말하는 윤리란 특별히 더 도덕적이고 평균 이상으로 이타적인 인간의 규범(이상적인 규범)이 아닌 '보통 인간'의 행동 규범이라 할 수 있다. 이는 보통 사람이 윤리적인 행동을 취하는 이유를 생각해보면 쉽게 알 수 있다. 위의 비유를 들어 말하자면, 보통 사람의 마음속에는 'B가 힘들어하니 양보해주자'라는 진짜 도덕적 동기와 '양보하기 싫지만 타인의 눈이 있으니 양보하는 게 낫겠다'라는 '피관찰자'로서의 동기가 뒤섞여 있기 마련이다. 둘 중 무엇이 강하고 무엇이 약한가는 사람마다 다르겠지만 대부분의 사람들이 윤리적 행동을 취하고자 한다. 도덕적 동기가 강한 사람이라면 당연히 윤리적인 행동을 취할 테고, 설사 '피관찰자'로서의 동기가 강한 사람, 즉 평균보다 도덕성이 낮은 사람일지라도 나쁜 사람으로 보이기 싫어서 상당한 빈도의 윤리적 행동을 취하기 때문이다.

이처럼 스미스는 누구에게나 있는 '공감' 능력 덕분에 윤리라는 사회질서가 자연스럽게 형성된다고 주장한다.

돈벌이와 도덕적 삶은 양립한다

그런데 《도덕 감정론》의 윤리적인 인간상과 돈벌이를 추구하는 《국부론》의 이기적인 인간상은 서로 어떤 관계가 있을까?

윤리의 세계와 경제의 세계는 사람들이 서로를 평가한다는 공통점을 갖고 있다. 일상생활에서 주변 사람들은 우리의 행동이 윤리적인지 아닌지 항상 평가한다. 한편 경제활동을 해 돈을 벌 때는 구매자가 판매자를 지켜보며 그가 뛰어난 상품을 합리적인 가격으로 제공하고 있는지 평가한다. 이때는 판매자가 '공정성'을 지키느냐가 중요한 평가 기준이 된다.

누구나 돈을 벌고 싶은 욕구가 있으므로 그 욕구를 비난할 사람은 없을 것이다. 그러나 돈을 버는 방식이 공정하지 않으면 구매자에게 좋은 평가를 얻지 못한다. 구매자는 남보다 더 노력해서 좋은 상품을 더 싸게 제공하는 경쟁, 즉 공정한 경쟁에서 승리한 판매자를 높이 평가한다. 반면 상대를 속이거나 경쟁자의 활약을 방해해 돈을 벌려고 하는 판매자는 낮게 평가한다. 《도덕 감정론》에서는 이런 평가에 따라 경제가 움직인다고 말한다.

> 부, 명예, 지위를 향해 경주하는 자는 경쟁 상대를 이기기 위해 모든 신경과 운동능력을 총동원하여 열심히 달려야 한다. 그러나 만약 경쟁 상대를 밀치거나 넘어뜨리면 관찰자의 관대함이 바닥날 것이다. 관찰자는 그처럼 공정성을 침해하는 일을 결코 허용하지 않는다.
>
> _애덤 스미스, 《도덕 감정론》 제2부 제2편

자유경쟁 시장에서 돈을 벌려면 고객이 기꺼이 돈을 주고 살 만한 물건을 제공하여야 하고, 그러기 위해선 거기에 필요한 능력을 연마해야 한다. 또한, 고객이 자신의 물건을 사게 만들기 위해선 평소에 모든 사람에게 붙임성 있고 성실하게 대해 신뢰를 쌓아두어야 한다.

이렇듯 자유경쟁 시장에서 높은 평가를 받으려는 사람은 돈벌이를 추구하는 동시에 성실하게 노력하는 삶의 태도를 갖추어야 한다. 그래야만 다른 사람에게 좋은 평가를 받아 돈을 벌고, 또 사회에서 인정받아 기쁨을 느낄 수 있게 되는 것이다. 이기심과 윤리는 이처럼 서로 충돌하지 않고 한 사람 안에 공존한다.

모두가 이익을 추구하고자 하는 세계는 모두 제 잇속만 차리니 비도덕적인 세계라 생각하기 쉽지만 실제로는 그렇지 않다. 타인에게 좋은 평가를 받아야만 돈을 벌 수 있기 때문이다. 이렇게 돈벌이와 도덕적 삶은 양립한다.

스미스가 상정한 경제적 인간은 고객의 기쁨만 생각하는 특별한 선인이 아니라 돈을 벌고 싶은 보통 사람이다. 사람은 다양하므로 고객의 기쁨을 자신의 기쁨으로 삼는 사람도 있고, 고객의 기쁨 따윈 상관없이 자신의 돈벌이만 생각하는 사람도 있을 수 있다. 그러나 설사 후자라 하더라도 고객이 살 만한 상품을 제공하지 않으면 돈을 벌 수 없다. 또 고객을 불친절하게 대하거나 성실성을 의심받아도 돈을 벌 수 없다. 그러므로 별로 도덕적이지 않은 사람이더라도 주변 사람의 눈을 의식해 전철에서 자리를 양보하는 것처럼, 마음이야 어떻든 고객에게 도움이 되는 행동을 하게 된다.

따라서 스미스는 사람들이 자유경쟁 시장에서 기른 인간성도 평균적으로는 그리 나쁘지 않으리라 생각했다. 즉, 돈을 벌기 위한 각자의 노력이 만들어낸 풍요로운 나라는 윤리적 관점으로 보아도 꽤 괜찮은 나라, 상당히 많은 사람이 도덕적으로 사는 나라일 것이라고 생각한 것이다.

나라를 부유하게 만드는 원리 ②

'보이지 않는 손'이 자원을 효과적인 방향으로 움직인다

지금까지 살펴본 스미스의 '시장'은 모두가 열심히 일하고 자신의 노력에 대해 공정하게 평가받음으로써 모두가 능력을 발휘하는 장이었다. 그러나 이 시장은 중요한 부분에 있어 현실과 동떨어져 있는데, 그것은 바로 투입 요소가 오직 '노동'뿐이라는 점이다. 현실경제에서는 생산에 '자본'과 '토지'가 투입되어야 하며, 이에 따라 '이윤'과 '지대'라는 보상 또한 발생한다. 즉 현실은 (스미스의 말은 아니지만) '자본주의'로 움직이는 세상이다.

스미스는 국민의 재능을 이끌어내는 것이 나라를 부유하게 만드는 첫 번째 원리라고 말했지만, 그와 동시에 자본주의를 적절히 작동시키는 것이 나라를 부유하게 만드는 두 번째 원리라고도 말했다.

많은 '자본'과 '토지'를 가진 자에게 많은 보상이 주어지는 '자본주의' 경제체제에서는 노동만이 존재하는 경제체제와는 달리 '노력의 등가 교환'이 성립되지 않는다. 예를 들어 광대한 토지를 가진 대지주는 아무런 노동을 하지 않아도 막대한 지대 수입을 얻는다. 게다가 그 지대는 보통 노동자가 노동을 하여 획득하는 보상의 몇백 배, 몇천 배나 된다. 즉, 자본주의 경제체제에는 노동이 등가로 교환되는 경제체제에 존재했던 '공정성'이 존재하지 않는다. 노력과 보상이 비례하지 않는 것이다. 그럼에도 스미스는 자유경쟁에 기초한 자본주의 경제체제를 지지한다. 그 이유는 '자본'과 '토지'를 가진 사람이 돈을 더 많이 벌기 위해 자신의 자원을 움직임으로써 나라 전체를 풍요하게 만든다고 여겼기 때문이다.

둘 중 '자본'에 대해서만 생각해보자. '자본'을 가진 사람은 어느 사업에 자본을 쓸지 선택한다. 그리고 이윤율이 높은 산업 분야에 자신의 자본을 투입한다. 이윤율이 높은 산업 분야란 사람들이 많이 찾는 재화를 공급하는 분야를 말한다. 이러한 분야는 소비자의 수요가 충족될 때까지 높은 가격(높은 이윤율)을 유지하므로 많은 사람이 돈을 벌기 위해 거기에 자본을 투입하려 할 것이고, 그 결과 공급 또한 점점 늘어날 것이다. 그렇게 수요가 충족되면 이윤율은 표준으로 내려갈 것이다. 그런데 이 과정에서 나라가 부유해지면 사람들은 이전과는 다른 재화와 서비스를 필요로 한다. 그러면 그것을 공급하는 또 다른 산업 분야의 이윤율이 높아지므로 자본 역시 그쪽으로 이동한다.

이처럼 '자본'을 가진 사람은 오직 자신의 돈벌이만을 생각해 자본을 투입할 곳을 선택하지만, 결과적으로는 사람들이 가장 필요로 하는 재화와 서비스를 공급할 수 있게 한다. 즉 나라를 부유하게 만드는 선택을 한 것이다. 스미스는 이런 자연스러운 구조를 '보이지 않는 손invisible hand'이라고 불렀다.

'보이지 않는 손'이 등장하는《국부론》의 다음 구절을 보자.

경제활동을 하는 개인은 일반적으로 공공의 이익을 증진하려 하지 않는다. 또한 자신의 활동이 공공의 이익을 얼마나 실현하는지도 알지 못한다. … 그는 그 생산물이 최대의 가치를 갖는 방향으로 자신의 자본과 노동력을 쓰려 하는데, 그럴 때도 자신의 돈벌이만을 생각할 뿐이다. 그럼에도 그는 … 보이지 않는 손에 이끌려 자신이 전혀 의도하지 않았던 목적[사회 전체의 이익]을 실현하게 된다.[4]

… 그는 종종 자신의 이익을 추구함으로써 누군가가 사회의 이익을 추구하려 노력할 때보다 더 효과적으로 사회의 이익을 실현하게 된다. 나는 공공의 이익을 위해 일한다고 거드름 피우는 사람이 정말로 큰 이익을 실현한 사례를 본 적이 없다.

_애덤 스미스,《국부론》제4편 제2장

'노동'만 존재하는 세계에서 각자 이익을 추구하다 보면 분

---

4 [ ] 안은 옮긴이의 추가 설명이다. 또한 모든 각주는 '옮긴이 주'임을 밝힌다. 이하 동일.

업이 발달하여 나라가 부유해진다고 앞서 말한 바 있다. 마찬가지로 자본주의 경제체제에서도 자본을 가진 사람, 토지를 가진 사람, 노동력을 가진 사람이 각자 자신의 이익을 추구하다 보면 사회 전체의 이익이 발생한다.

단, 이 같은 기능이 충분히 발휘되려면 반드시 자유경쟁이 필요하다. 모든 산업에 대한 진입과 철수의 자유, 모든 생산요소의 진입과 철수의 자유가 보장되어야만 '보이지 않는 손'이 그 기능을 제대로 수행할 수 있기 때문이다. 만일 정부가 시장을 자의적으로 규제하거나 독점을 억제한다면 어떤 산업 분야는 사람들이 필요로 하지 않는데도 돈을 벌게 되고, 어떤 산업 분야는 사람들이 필요로 하는데도 공급이 늘어나지 않을 것이다. 스미스는 이처럼 풍요를 증진하는 데 걸림돌이 된다는 이유로 정부의 간섭을 반대했다.

자본주의 경제체제에서
'불공정'은 어디까지 허용되는가?

살펴보았듯, 스미스는 나라를 부유하게 만드는 두 가지 원리를 제시했다. 첫째는 자유경쟁 속에서 각자의 노력이 공정하게 평가되고, 그 결과 분업이 발달하면 더 풍요로운 사회가 된다는 것이다. 두 번째는 자유경쟁 속에서 각각의 자원을 소유한 자들이 자신의 이익을 추구하면 자원이 효율적으로 활용될 수 있다는 것이다.

그런데 이 두 가지 원리가 과연 양립할 수 있을까? 첫 번째 원리에는 시장이 노동자의 노력을 공정하게 평가한다는 전제가 깔려 있다. 모두가 다 같이 일하는 세상(투입 요소가 노동력뿐인 세상)에서는 공정한 자유경쟁 속에서 '노동의 등가 교환'이 성립되므로 노동자가 공정한 평가를 받게 된다. 그러나 앞서 말했듯 노동력 이외의 투입 요소(자본과 토지)가 존재하는 세상에서는 '노동의 등가 교환'이 성립되지 않는다. 노동이 공정하게 평가받지 못하는 세상, 노동하지 않는 사람이 막대한 보상을 받는 세상에서 과연 노동자의 노력을 이끌어낼 수 있을까? 달리 표현하자면, 가진 자와 못 가진 자의 격차가 현저한, 원래부터 '불공정'한 구조인 자본주의 경제체제 내에서 우리는 그 '불공정'을 과연 어디까지 허용해야 할까?

자본주의 경제체제에서 자본 및 토지 소유자에 대한 보상, 즉 이윤과 지대를 과연 어디까지 인정해야 할까? 먼저 자본에 대한 보상인 이윤의 정당성에 대한 스미스의 생각을 알아보자. 스미스는 자본을 투입해 사업을 경영하는 사람이 이윤을 획득하는 것을 불공정하다고 생각하지 않았다. 물론 이 구조는 자본을 가진 사람만이 더 많은 이윤을 얻을 수 있다는 의미에서는 공정하지 않다. 다만 자본을 소유한 사람도 경쟁자와의 공정한 경쟁에서 승리하기 위해 자본뿐만 아니라 일정한 노력을 투입해야 하는데, 스미스는 그러한 노력의 보상으로 얻는 이윤은 정당하다고 보았다. 자본을 소유한 사람 역시 더 많은 돈을 벌기 위해 경쟁자를 따돌리고 고객을 획득하려 최대한 노력을 기울이는데, 그러한 과정이 사회 전체를 부유하게 만드는 데 일조하기 때문에 스미스는 그들의 이윤을 정당하다고 간주한다.

단, 정당성이 인정되는 것은 자본을 소유한 자가 자신의 힘으로 사업을 경영한 결과로써 얻은 이윤뿐이다. 기술자들과 함께 일하는 소유자라면 당연히 더 많이 노력할 테니 그의 이윤은 정당하다. 또 자본을 소유한 자가 사업 경영에 힘써 얻은 이윤도 정당하다. 그렇다면 스스로 사업을 경영하지 않고 자본만 빌려줘 벌어들인 이자는 어떨까? 그것은 과연 정당한 보상일까?

이에 대해 스미스는 노력에 대한 보상이 아니라는 측면에서는 정당하지 않지만, 역시 자본을 효과적인 방향으로 움직였다는 측면에서는 정당하다고 보았다. 자본을 소유한 자는 이자를 더 많이 줄 사람에게 돈을 빌려주려 하므로 그 선택에 따라 자본이 사회를 부유하게 하는 방향으로 사용된다는 것이다.

그러나 스미스가 모든 이자를 인정한 것은 아니다. 모든 이자를 정당하다고 인정하면 사회를 부유하게 만드는 생산적 사업이 아니라, 사치품이나 투기에 자본이 몰릴 것이 뻔하기 때문이다. 스미스는 자본이 사회적 영향을 무시한 채 돈만 버는 이자 획득 기계가 되어서는 안 된다고 주장한다. 즉 전체의 부를 촉진하지 않는 이자는 부당하다고 본 것이다.

이와 같이 공정한 경쟁 속에서 벌어들인 이윤만 정당한 보상으로 인정한다는 사고방식은 노동자에 대한 공정한 보상에도 통용된다. 사업 경영자가 노동자에게 공정한 임금을 지급하지 않음으로써 획득한 이윤은 정당하다고 할 수 없다. 불공정한 조건일 때 돈을 버는 분야란, 곧 공정한 조건에서는 돈을 벌지 못하는 분야다. 따라서 그런 분야에 자본을 투입하면 사회 전체의 부를 증진시킬 수 없다. 그러므로 그런 돈벌이 방식, 즉 노동자를 불공정한 저임금으로 혹사하는 방식은 정당하지 않은 것이다.

이렇게 볼 때, 스미스에게는 늘 공정성을 의식하고 있는 인격자가 '자본'을 움직여서 획득한 이윤만이 정당한 것이다. 반대로 말해 노동자, 거래처, 소비자의 눈을 의식하지 않는 단순한 이윤 획득 기계로서의 '자본'이 벌어들인 이윤(또는 이자)은 정당하지 않다. 그것은 인정받지 못하는 '나쁜 돈벌이'다. 그렇기에 스미스는 현실경제에서 돈벌이를 정당하게 만들기 위해서는 공정 경쟁을 위한 규제(공급자끼리의 결탁 금지 등)와 고리대금을 금지하는 제도가 필요하다고 주장했다.

다음으로는 토지에서 얻는 수입, 즉 지대의 정당성에 대한 스미스의 생각을 알아보자. 이자와 마찬가지로 지대도 노동에 대한 보상이 아니다. 따라서 지대 또한 노동에 따른 대가가 아니라 전체의 부를 증진시킨다는 기능적인 차원에서 정당화될 수 있다. 토지 소유자는 자신의 토지를 이용해 최대의 이익을 올릴 만한 사람을 임차인으로 선택한다. 그러면 그 토지가 사회에 유익한 방향으로 쓰여서 전체의 부를 증진시킨다. 따라서 토지 소유자의 지대 또한 정당한 보상으로 인정된다.

단, 광대한 토지를 상속받은 귀족은 아무런 노력을 하지 않아도 막대한 수입을 얻을 수 있으므로 그 토지를 효과적으로 활용하기 위한 의지나 능력을 갖추지 못했을 가능성이 높다. 하지만 스미스는 중규모, 소규모의 토지 소유자가 자신의 토지를 활용하다 보면 사회 전체의 부가 조금씩 증진될 것이라고 믿었다. 참고로 스미스는 귀족의 대규모 토지 소유에 관해, 한 사람이 거의 전부를 상속하도록 되어 있는 한사상속(限嗣相續)[5] 제를 분할 상속제로 바꾸어야 한다고 주장했다. 그렇게 해야 토지를 활용할

---

5 상속인이 한정된 상속. 당시 사람들은 부동산을 사사로이 처분(매매, 저당)할 수 없었으며 소유권자가 죽으면 직계 상속자에게 소유권이 자동으로 넘어가게 되어 있었다.

만한 능력과 의지를 가진 사람이 땅을 소유할 수 있기 때문이다.

전체의 부를 증진시키기 위한 불공평

스미스는 이처럼 자본과 토지를 소유한 자가 이윤과 지대를 얻는 구조, 즉 자본주의 경제체제를 긍정했다. 보상이 노력에 비례하지 않는다는 점에서는 불공평하지만, 그래도 국가에 도움이 되는 방향으로 노력하거나 의사결정을 한다면 이윤과 지대역시 정당한 보상이라는 것이다. 나아가 스미스는 이렇게 자본과 토지 소유자가 이익을 추구한 덕분에 자산을 가지지 못한 서민들도 장기적으로는 생활 수준이 높아질 거라고 생각했다. 시장경제가 발달한 나라에 사는 서민의 소비 내용과 원시 부족 공동체에서 살았던 족장의 소비 내용을 비교해보면 이해하기 쉬울 것이다. 문명사회의 서민이 야만의 족장보다 더 잘 살지 않는가? 그러므로 서민은 불평해서는 안 된다. 시장은 평범하게 일하는 사람에게 표준적인 생활을 제공할 것이고, 더 많이 노력하면그에 상응하는 보상을 해줄 것이기 때문이다. 그러므로 '이런 불공평한 제도 따위 참을 수 없다'고 불평하지 말고 열심히 노력해돈을 벌어야 한다. 즉, 자본주의는 불공평하지만 서민의 힘을 끌어내지 못할 정도는 아니다.

　지금까지 살펴본 이윤, 지대의 정당성에 대한 내용을 한 마디로 요약해보겠다. 이윤이든 지대든 전체의 부를 증진하는 데 도움이 된다면 정당하다. 반면, 공정하지도 않고 전체의 부와 무관하게 이루어지는 이익 추구 활동은 정당하지 않다. 그것은 '나쁜 돈벌이'이므로 인정되지 않는다.

강자와 약자의 공존공영

　지금까지의 내용을 정리해보면, 스미스는 '돈을 벌고 싶다', '잘 살고 싶다'는 인간의 기본 욕구를 긍정적으로 생각했다. 직접 경제활동을 펼치는 사람들은 대개 고객의 필요를 파악하고 고객을 기쁘게 하는 능력을 갖추어야만 돈을 벌 수 있으므로 돈벌이와 덕이 있는 삶을 양립시킬 수 있다. 그렇게 각자 다른 능력을 기르다 보면 분업이 촉진되고 생산성이 향상되어 나라 또한 부유해진다. 그리고 그것을 가능케 하는 환경은 노력에 따라 공정한 보상이 주어지는 '자유경쟁 시장'이다. ([표 1-1] 참조)

[표 1-1] 스미스가 생각한 '노력이 등가로 교환되는 경제'

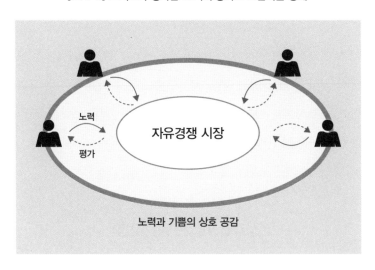

노력

자유경쟁 시장

평가

노력과 기쁨의 상호 공감

그러나 모든 사람이 일을 하는 '노력의 등가 교환 경제'란 현실이 아닌 이상일 뿐이다. 우리가 사는 현실은 자본과 토지를 가진 사람이 그것을 활용하여 이윤과 지대라는 보상을 받는 '자본주의 경제'를 따른다.

이윤과 지대는 노력에 비례한 보상이 아니라는 점에서 불공평해 보이지만, 그것이 공정한 경쟁을 통해 얻은 것이고 전체의 부를 증진하는 기능을 한다면 정당화될 수 있다. 그것은 넓은 의미에서 공정하며, 적어도 노동자(대다수를 차지하는 일반 서민)들이 공정한 경쟁을 어이없이 중단해버리게 만들지는 않는다. 이와 같이 자유경쟁 시장은 공정한 평가가 이끌어낸 서민의 노동력과 '보이지 않는 손'에 의해 운용되는 자본에 의지하여 부유한 나라, 즉 풍요로운 소비를 가능케 하는 나라를 만들어나간다. ([표 1-2] 참조)

[표 1-2] 스미스의 '자본주의 경제'

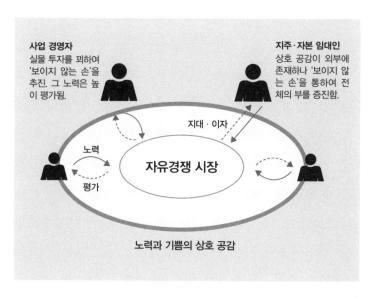

스미스는 이와 같이 '국부란 무엇인가?', '부를 늘리려면 어떻게 해야 할까?' 하는 문제에 답하기 위해 인간의 본성과 시장의 기능이라는 근본적인 요소를 고찰했다. 원래 그는 당시 주류

사상인 중상주의 정책에 반대하기 위해 이 문제에 대해 고찰하기 시작했는데, 스미스의 중상주의 비판을 되새기며 그가 '강자와 약자의 바람직한 관계'에 대해 어떻게 생각했는지, 즉 그의 경제관이 어떠했는지를 확인해보겠다.

중상주의 정책이란 무역 차액(수출액에서 수입액을 뺀 금액)으로 나라를 부유하게 만들 수 있다는 생각에 기초, 물건을 싸게 사서 비싸게 팔 수 있는 식민지를 획득하거나 수출 산업을 진흥하고자 하는 정책이다. 당시 유럽의 많은 나라가 이런 정책을 채택했는데, 그중에서도 패권 경쟁이 가장 심했던 잉글랜드와 프랑스는 많은 군사비를 들여가면서까지 이 정책을 유지했다.

그러나 스미스는 이 중상주의 정책이 나라의 부를 증진하는 최선의 길이 아니라고 비판했다. 그에 따르면 국부를 증진하는 최선의 길은 자유경쟁 시장을 통해 국민이 능력을 발휘하게 하고 '보이지 않는 손'의 힘에 의지하여 자원을 건전한 방향으로 활용하는 것이다. 스미스는 투자를 '농업 → 제조업 → 국내 상업 → 외국 무역' 순으로 자연스럽게 진행시켜야 한다고 말했다. 가장 기본적이고 안정적일 필요가 있는 농산물에 제일 먼저 투자해야 하고, 그런 뒤 생산력에 여유가 생기면 그다음 필요의 대상에 투자한다. 그러다 보면 비용과 위험을 감수하고 상품을 점점 더 멀리까지 수출해도 수입과 지출이 맞게 된다.

이 순서에 따르면 외국과의 무역은 제일 마지막에 자원을 투입해야 할 대상이다. 그러나 중상주의 정책은 대외 무역으로 돈을 벌면 나라가 부유해진다고 믿고 독점 등 무리한 형태의 무역을 통해 돈벌이를 하려 했다. 심지어 거액의 군사비까지 들이면서 말이다. 당시 영국은 식민지를 거느린 강국이 되었다며 의기양양해했지만 스미스에 따르면 그것은 내실, 즉 자국이 부유해지는 것을 늦추는 일일 뿐이었다. 특히 미국을 식민지로 지배한 것은 미국뿐만 아니라 본국인 잉글랜드에도 불이익을 가져다주는 것이었다. 그러므로 한 나라가 다른 나라를 지배한다는 우월감이 만들어낸 환상에서 깨어나 미국에서 발을 빼야 한다고 스미스는 주장했다.

스미스가 미국 독립을 지지한 것을 보면 그가 나라와 나라 사이의 바람직한 관계를 어떻게 봤는지 잘 알 수 있다. 그는 '노력이 등가로 교환되는 경제'에서 사람들이 분업을 시작해 서로를 살렸듯, 나라와 나라도 서로를 살려야 한다고 생각했다. 설사 강자가 약자를 일시적으로 지배한다 해도 장기적으로는 지배와 피지배 관계가 아니라 서로를 살리는 관계를 구축하는 것이 더 바람직하다는 것이다. 스미스는 강자와 약자가 서로를 살리는 관계를 구축하는 방법에 대해 다음과 같이 말했다.

미 대륙을 발견한 사건과 희망봉을 경유하는 동인도 항로를 발견한 사건은 인류 역사상 가장 중대한 사건이다. … 멀리 떨어져 있는 다른 지역과의 교류는 일반적으로 서로에게 유익한 법이다. 서로의 부족한 부분을 채워주고 생활의 즐거움을 증진시키며 산업을 더욱 번영시키기 때문이다. … [그러나 불행하게도 그 당시 유럽의 힘이 일방적으로 강했던 탓에 원래 실현되었어야 할 이익이 사라져버렸다] … 아마 앞으로 인도와 주변국의 국민은 강해지고 유럽인은 약해져서 세상 모든 사람이 용기와 힘 면에서 평등해질 것이다. 상대를 서로 두려워하면 한 나라의 힘이 일방적으로 정의롭지 않게 작용하는 사태가 발생하지 않고, 나라끼리 서로의 권리를 존중하게 될 것이다. 이 평등한 관계는 모든 나라가 자연스럽게, 혹은 필연적으로 상거래를 확대함으로써 지식과 각종 개선에 관한 상호 소통을 이어나갈 때 비로소 완전해질 것이다.

_애덤 스미스, 《국부론》 제4편 제7장

스미스는 국가 간의 관계에 있어서도 서로의 능력을 키워주는 '노력의 등가 교환' 같은 관계가 이상적이라 여겼다. 그리고 지금은 대등하지 않은 관계도 자유로운 경제 교류를 통해 점차 대등해질 것이라 믿었다.

스미스가 이런 사상을 갖게 된 데에는 약국 스코틀랜드와 강국 잉글랜드의 합병이 큰 영향을 미친 것으로 보인다. 1707년에 양국이 합병된 뒤 스코틀랜드에는 긍정적인 효과와 부정적인 효과가 동시에 나타났다. 시장이 잉글랜드로 확대되었고, 잉글랜드의 뛰어난 지식이 유입되어 스코틀랜드 사회가 활성화된 반면, 경쟁에 뒤처진 사람들, 번영에서 소외된 지역 등에서 새롭게 문제가 생겨났다. 스미스는 18세기 스코틀랜드의 이러한 상황 속에서 강자와의 경제 교류가 긍정적인 효과를 낳는다는 사실에 집중한 듯하다(반면 피해를 당한 스코틀랜드인들은 잉글랜드에 항거하여 재커바이트의 난[6]을 일으켰다. 이들은 당시 상당한 세력을 구축했으나 결국 잉글랜드에 의해 진압되었다. 스미스는 이 세력을 지지하지 않았다).

자유로운 경제 교류는 약자 측에 큰 기회를 제공하고 약자의 성장을 돕는다. 이것이 스미스가 국제적인 자유경제 시장, 즉 자유무역을 지지했던 이유다. 이를 뒤집어 생각해보면, 강자와 약자의 공존공영(共存共榮)이 성립되지 않는 구조, 즉 돈벌이가 단지 약자를 지배하는 수단이 되는 구조는 국가 간에도 정당하지 않다. 일시적 이익을 위해 약자를 수탈하는 것은 '나쁜 돈벌이'

---

6 Jacobite risings. 1688년에서 1746년에 걸쳐 브리튼 제도에서 일어난 폭동. 제임스 2세의 복위를 목표로 하였으나, 그가 명예혁명에 의해 폐위되자 스튜어트 왕가 후계자의 복권을 시도했다.

기 때문이다. '강자와 약자의 바람직한 관계'에 대한 스미스의 이러한 생각은 물론 국제 관계뿐만 아니라 국내 시장에도 통용되었다. 그렇기에 이는 스미스가 상정한 자본주의의 도덕적 조건 중 하나가 되기에 충분하다.

자본주의의 도덕적 조건

현저한 격차가 있는 데다 '노력의 등가 교환'도 성립되지 않는 자본주의 경제체제를 정당화하기 위해 스미스가 제시한 조건은 다음 세 가지다(스미스가 직접 정리한 것이 아니라 스미스가 한 말에서 추출한 것이다).

① 자유경쟁 시장은 공정한 규칙을 따르는 경쟁의 장일 것. 특히 자본을 움직이는 사람이 공정성을 의식하는 사람일 것.

② 자산을 사업에 활용하지 않고 임대하여 이익(이자 및 지대)을 얻으려 할 경우, 그 행동이 자산을 건전한 용도로 쓰는 데 도움이 되고 사회 전체의 부를 촉진할 것.

③ 강자가 약자를 지배하지 않고 상호이익 관계를 맺으며 약자 측의 능력도 활용할 것.

스미스가 제시한 위 세 가지 자본주의의 도덕적 조건은 후대 경제학의 절대적 판단 기준이 되었다. 그래서 후대의 경제학자들은 스미스가 제시한 조건이 무너진 현실에 맞서 그 조건을 어떻게 하면 회복시킬 수 있을지 고민했다. 앞으로 스미스로부터 무언가를 배우려 한다면 스미스를 단순한 자유경쟁 예찬론자로 보지 말고 경제에 대한 그의 주장까지,《도덕 감정론》에 입각한 인간 형성론까지 종합적으로 이해해야 할 것이다.

제2장

노동자계급에 대한 분배와 성장

존 스튜어트 밀과 앨프리드 마셜

John Stuart Mill   Alfred Marshall

자본주의의 도덕적 조건이 무너지다

스미스는 두 가지 경제적 이상을 갖고 있었다. 하나는 '노력이 등가로 교환되는 경제'다. 그가 생각한 자유경쟁 시장에서는 사람들이 생산에 들인 노력이 공정하게 평가된다. 그 결과 사람들은 각자 재능을 연마하여 돈을 벌고, 분업을 발달시켜 제품을 풍부하게 생산한다.

또 하나는 '보이지 않는 손이 기능하는 자본주의 경제'다. 여기서는 자본과 토지를 소유한 자에게 이윤과 지대라는 보상이 주어지므로 노력과 보상이 비례한다고는 말할 수 없다. 그러나 공정하게 경쟁하는 사람이 자본을 움직일 경우, 이를 통해 얻은 이윤은 정당하다. 또 자본이나 토지를 임대하여 얻은 이자와 지대 역시 '보이지 않는 손'을 통해 사회 전체의 부를 촉진한다면 정당하다고 할 수 있다.

그러나 현실은 '노력이 등가로 교환되는 경제'가 아니라 '자본주의 경제'이므로 노력과 보상이 비례하는 공정성이 성립되지 않는다. 그러나 이윤과 지대는 시장이 노력을 보상한다는 대원칙을 왜곡하지 않는다. 즉, 보통 사람의 노력을 이끌어내기 위한 '부의 토대'는 건재하다. 따라서 가진 자와 못 가진 자 사이에 큰 격차가 생기더라도 자본주의를 긍정할 수 있는 것이다.

스미스의 자본주의 긍정론의 중요한 조건은 '자유시장이 공정한 경쟁의 장이어야 한다'는 것이다. 이는 독점이나 사기가 없을 뿐만 아니라, 공정 경쟁 규범을 지켜야 한다고 믿는 사람이 자본을 움직여야 한다는 뜻이다. 즉 자본이 '사회는 아무 상관 없이 수익만 내면 된다'는 돈벌이의 도구가 된다면 자본주의를 긍정할 수 없다.

그런데 스미스가 제시한 이같은 자본주의의 도덕적 조건이 19세기 이후 완전히 무너졌다. 자본가가 이윤을 창출하기 위해 노동자를 혹사시키면서 노동자계급의 빈곤 문제가 심각해졌던 것이다. 그래서 정통파 경제학자인 존 스튜어트 밀John Stuart Mill과 밀의 사상을 계승한 앨프리드 마셜Alfred Marshall이 나섰다. 이제 그들이 이 문제에 맞닥뜨려 스미스의 조건을 어떻게 회복시키려 했는지 알아보자.

존 스튜어트 밀의 생애

존 스튜어트 밀은 1806년 런던에서 경제학자 제임스 밀[7]의

---

7 제임스 밀(James Mill, 1773~1836) 영국의 경제학자 · 철학자 · 역사학자. 영국 경제학 교과서의 전통적 이론인 4분법(생산 · 분배 · 교환 · 소비)을 처음으로 제시했다.

존 스튜어트 밀
John Stuart Mill
(1806~1873)

장남으로 태어났다. 아버지 제임스는 제레미 벤담[8]과도 친한 사이로 '최대 다수의 최대 행복'을 지향하는 공리주의를 따랐으며 자유롭고 평등한 법 제도를 추구하는 개혁운동에 종사했다.

이런 아버지에게 조기 영재교육을 받은 밀은 어려서부터 공리주의 개혁의 논객이 되어 잡지에 기사를 쓰고 때로는 사람들 앞에서 연설을 하는 등 많은 활약을 했다. 그러나 스무 살이 되자 개혁운동에 회의를 느끼고 만다. '나는 그저 아버지에게 들은 대로 주장하는 게 아닐까? 어쩌면 나는 아버지가 만든 기계일지도 몰라'라는 고민에 빠진 것이다. 그러나 밀은 프랑스 작가 마르몽텔[9]의 회상록 《아버지의 비망록》(*Memoires d'un père*, 1804년)을 읽던 중 어린 주인공이 아버지의 죽음을 극복하고 스스로 일가를 책임지겠다고 결의하는 장면에서 눈물을 흘릴 만큼 감동을 받는 한편, 자신이 기계가 아니라 감정이 있는 인간임을 깨달으면서 정신적 위기에서 벗어난다.

그 후 밀은 쾌락과 고통만을 도덕적 판단 기준으로 삼는 벤담의 공리주의에서 벗어나 풍요로운 감정의 가치를 중시하게 되

---

8 제레미 벤담(Jeremy Bentham, 1748~1832) 영국의 철학자·법학자·경제학자. 공리주의의 대가로 불리며, '최대 다수의 최대 행복'을 도덕의 기준으로 삼는 양적 공리주의를 표방하였다. 영국의 법철학에 큰 영향을 끼쳤으며, 자유경제 체제를 옹호하였다.

9 장 프랑수아 마르몽텔(Jean-François Marmontel, 1723~1799). 프랑스의 역사가이자 작가. 18세기 유럽에 존재했던 지식을 집대성한 백과전서의 주요 저자 중 한 명이다.

었다. 공리주의 개혁운동이 내세웠던 자유와 평등도 중요하지만 권리를 확대한다고 해서 모든 목적이 달성되는 것은 아니며, 자유와 평등은 교양, 도덕성, 감수성을 포함한 풍부한 인간성, 즉 고도의 인격을 형성하는 데 필요한 중요한 환경(활약을 위한 조건)일 뿐이라고 생각하게 된 것이다.

'건전한 사회(질적인 가치를 고려한 최대 행복)를 실현하기 위해서는 개성을 발휘할 수 있는 자유, 그리고 많은 사람에게 기회가 주어지는 환경이 필요하다.' '인간은 활약할 기회만 있다면 능력을 갈고닦아 성장할 수 있는 존재다.' 이러한 생각은 자유주의의 고전으로 평가받고 있는 《자유론》(On Liberty, 1859)과 밀 특유의 질적 공리주의를 다룬 《공리주의》(Utilitarianism, 1836)에 잘 드러나 있으며, 밀의 경제학에도 당연히 반영되었다.

밀은 세간의 상식에는 위배되더라도 자신의 신념을 관철하는 사람이었다. 다른 사람의 아내였던 해리엇 테일러[10]와의 교제는 당시의 도덕적 기준에서 보면 비난받아 마땅한 행동이었다. 또 그는 여성의 해방을 주장하고 공업화가 초래하는 자연 파괴

---

10 밀은 21년 동안의 교제 끝에 1851년 해리엇 테일러(Harriet Tayler)와 결혼했다. 그녀와 만났을 당시 해리엇이 유부녀였으므로 두 사람은 그녀의 전남편이 죽기 전까지는 정신적으로만 교류했다. 명석한 여성이었던 해리엇은 친구 혹은 아내로서 밀의 사상에 큰 영향을 끼쳤다. 밀은 해리엇과 친분을 쌓으면서 여성의 권리를 더욱 옹호하게 되었다. 해리엇은 결혼 후 7년이 지난 1858년, 동인도회사를 사직한 밀과 프랑스를 여행하던 도중 아비뇽에서 병으로 사망했다.

를 비판하기도 했다. 모두 당시로써는 소수파만이 가졌던 사상이다. 그럼에도 밀은 사람들에게 존경받는 지식인이었다. 많은 사람이 그가 학자로서 뛰어난 능력을 갖추었을 뿐만 아니라 그의 주장에 중요한 진실이 담겨 있다고 생각했다. 만년에는 토지의 효과적인 이용과 자연경관 보호를 위한 토지 보유제 개혁에 힘쓰다가 1873년, 아내 해리엇이 잠든 프랑스 아비뇽에서 숨을 거두었다.

노동자계급의 빈곤

밀이 활동한 시대, 경제학의 최대 문제는 노동자계급의 빈곤이었다. 19세기 이후 산업혁명(공업화)이 진전된 결과 고용자와 피고용자가 명백히 나뉘었고, 노동자는 '계급'으로 불릴 만큼 큰 집단으로 성장했다. 기술을 전수하는 스승과 제자라면 고용자와 피고용자 관계라 하더라도 둘 다 같은 노동을 하게 된다. 그러나 대규모 공장을 소유한 자와 그곳에 고용된 임금 노동자는 직업도 지위도 완전히 달랐다. 임금 노동자가 소유자가 되는 일은 거의 불가능했기 때문이다. 이처럼 고용자와 피고용자의 거리가 멀어지면서 노동자를 혹사하는 것, 즉 되도록 낮은 임금으로 노동자를 고용해 되도록 긴 시간 동안 고된 노동을 시키고 노동 환경 개선에 돈을 쓰지 않는 것은 당연해졌다.

노동 시간을 규제하기 위해 19세기 전반에 제정된 공장법을 살펴보면, 당시 영국의 공장 노동자가 얼마나 혹사당했는지 잘 알 수 있다. 공장법은 10세 이하의 아동에게까지 하루 15시간이나 일을 시키는 노동 현실 때문에 1802년에 가까스로 시행된 규제인데, 아동의 야간 노동을 금지하고 노동 시간을 12시간으로 제한하라는 내용이었다. 하지만 공장주들은 그것마저 지키지 않았다. 결국 1833년 공장 감독관을 의무적으로 배치한 후에야 규제는 실효성을 띠게 되었다. 9~13세는 주 48시간, 하루 9시간 이하, 14~18세는 주 69시간, 하루 12시간 이하로만 일할 수 있게 하고, 18세 이하는 야간 노동을 할 수 없다는 것이 규제 내용이었다. 공장은 노동자를 되도록 혹사시키고 싶어 했지만 아동을 혹사시키는 것만은 정부도 묵과할 수 없었던 듯하다. 하지만 성인 남성의 노동 시간에 대해서는 그 후에도 오랫동안 규제하지 않았다.

한편, 문제는 장시간 노동만이 아니었다. 언제든 교체 가능했기에 노동자에게 지급되는 임금은 매우 적었다. 따라서 노동자들은 비싼 밀가루 빵이 아닌 저렴한 감자를 주식으로 삼아야 했다. 노동자들이 생활하는 환경 또한 매우 열악했다. 빈민은 옛날

부터 존재했으나 공장 노동자가 늘어남에 따라 눈에 띄게 늘어
난 빈민이 큰 집단을 형성하게 된 것이 문제의 근원이었다. 이
모든 것들이 밀이 맞닥뜨린 '노동자계급의 빈곤'이라는 현실을
구성하였다.

리카도의 기계적 경제관

　그러면 밀은 노동계급의 빈곤이라는 시급한 문제에 대해, 경
제학 관점에서 어떤 대책을 제시했을까? 밀의 주장을 이해하기
위해서는 스미스와 밀 사이에 자리한 경제학자 데이비드 리카
도[11]의 이론을 살펴봐야 한다. 리카도는 자유경쟁 시장, 자유무
역을 옹호하는 스미스의 주장을 계승한 정통파 경제학자다. 그
는 스미스의 《국부론》이 자유경쟁 시장의 가격 형성 및 계급별
배분 원리를 모호하게 다루었다는 사실에 주목하고 더욱 엄밀한
이론을 전개하였다.
　리카도의 이론을 간략하게 살펴보면, 그는 자유경쟁이 기능

11　데이비드 리카도(David Ricardo, 1772~1823) 영국의 대표적인 고전학파 경제학자. 경제학의
　　학문적 체계를 제시하였으며, 노동 가치설과 비교 우위론, 차액 지대론 등을 주장하여 후대
　　경제학 발전의 초석을 마련하였다.

하고 가격이 생산에 비례하여 정해지는 상황에서 형성된 부가 자본가, 지주, 노동자에게 어떻게 분배되는가에 많은 관심을 기울였다. 그것이 경제의 장기적 동향과 밀접한 관계가 있었기 때문이다.

리카도는 자본을 소유하고 그것을 사업에 활용하는 자본가를 경제의 주역으로 보았다. 그가 볼 때 자본가가 자신이 획득한 이윤의 대부분을 사업을 확대하거나 최신식 기계를 도입하는 자본 축적 활동에 쓴다. 반면 지주는 자신이 얻은 지대의 대부분을 사치품에 소비하고 노동자는 자신이 얻은 임금의 대부분을 생활 필수품에 소비한다. 따라서 지주나 노동자가 아닌 자본가가 경제 성장을 견인하는 주역일 수밖에 없다. 그가 이렇게 생각하게 된 배경에는 기계화를 통해 생산성을 높여온 산업혁명 시기의 영국 상황이 많은 영향을 끼쳤다.

한편, 리카도의 분배 이론은 크게 임금을 정하는 '임금 생존비설'과 지대를 정하는 '차액 지대론'으로 나눌 수 있다. 임금 생존비설이란 '장기적으로 보면 노동자의 임금은 노동자계급의 인구가 일정하게 유지되는 수준으로 결정된다'는 이론이다. 생계를 유지할 만한 소득이 있어야 가정을 꾸리고 아이를 낳을 수 있으므로 임금이 내려가면 노동자 인구가 줄어든다. 이렇게 되면 노동자가 부족해져서 임금이 상승한다. 반대로 임금이 높으면

출산율이 올라가 노동자 인구가 늘어난다. 그러면 이번에는 노동자가 많아져 임금이 하락한다. 따라서 장기적으로 보면 임금은 노동자 인구를 일정하게 유지하는 수준에서 결정된다는 것이다(일정하게 유지되는 인구의 임금 수준은 경제 전체의 생산성이 향상됨에 따라 서서히 상승할지도 모른다. 그러나 그 변화가 매우 완만하므로 분배를 이론적으로 분석할 때는 고려하지 않는다).

차액 지대론은 지대가 정해지는 원리를 설명하는 이론이다. 토지의 주된 용도는 식료품인 곡물의 생산이며, 지대는 지주(토지 소유자)가 곡물을 생산하는 농민에게 토지를 빌려주고 얻는 대가다(다른 용도로서의 토지는 고려하지 않았다). 토지는 비옥도에 따라 우열이 나뉘는데, 인구가 적고 국가 전체의 곡물 수요량이 적을 때는 우등한 땅만 경작해도 수요를 충당할 수 있다. 그러나 인구가 늘어나 곡물 수요량이 많아지면 비옥도가 낮은 열등한 토지도 경작해야 한다. 수요 증가로 곡물 가격이 상승하면 열등한 토지여도 채산을 맞출 수 있으므로 모든 땅에서 곡물을 생산해 증가한 수요를 충당하게 된다. 이때 아슬아슬하게 채산이 맞는 열등지의 경우, '곡물 가격 = 생산 비용'이 되므로 농민은 지대를 지불할 만한 여유가 없다. 그러나 우등지에서는 곡물 가격이 비싸서 '곡물 가격 〉 생산 비용'이 되므로 지주가 농민에게 차액 중 일부, 즉 지대를 받을 수 있다. 이처럼 곡물 가격이 생산 비용을 웃도는 토지의 경우는 생산비와 곡물가의 차액을 좀 더 지불하고서라도 그 땅을 빌려 경작하려는 농민이 많을 테니 경쟁을 붙여서 그 차액 대부분을 지대로 징수할 수 있다. 이처럼 그 시점에 경작되는 열등한 토지와의 생산성 차이가 지대의 시세를 결정한다는 뜻에서 이 이론을 '차액 지대론'이라 부른다.

임금 생존비설과 차액 지대론에 따르면 현재 인구 수준에서의 임금, 이윤, 지대의 관계가 다음과 같이 변할 것이라 예측할 수 있다. 경제가 성장하여 임금이 상승하면 인구가 증가한다. 인구가 증가하면 곡물 수요량이 늘어나 곡물 가격이 상승하고 지대도 상승한다. 이윤은 생산된 부에서 임금과 지대를 뺀 금액이므로 지대가 상승할수록 이윤은 줄어든다. 이윤이 줄어들면 자본 축적이 줄어들고 그 결과 경제성장이 둔화된다. ([표 2-1] 참조) 따라서 리카도는 이런 사태를 되도록 연기하고자 하는 관점에서 경제정책을 제안했다. 그 내용은 값싼 곡물을 수입함으로써 곡물 가격과 지대 상승을 억제하는 자유무역정책을 쓰고, 가능한 한 지주에게 부담을 주는 과세 방법을 채택하자는 것이다.

지금까지의 설명에서 알 수 있듯 리카도의 경제학은 연역적으로 논리를 전개한 매우 치밀한 이론이다. 10미터 높이에서 떨어뜨린 물체가 몇 초 후 지면에 도달할지 중력의 법칙을 활용하여 알아내듯, 리카도는 임금의 법칙, 지대의 법칙으로 미래의 경

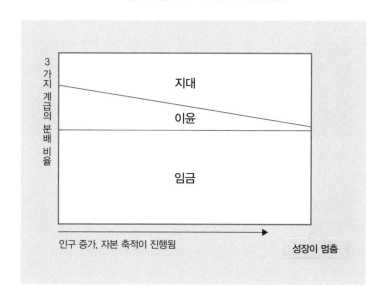

[표 2-1] 리카도의 이론: 분배의 변천

3가지 계급의 분배 비율

지대

이윤

임금

인구 증가, 자본 축적이 진행됨

성장이 멈춤

제를 예측했다. 그는 인간의 경제 세계를 흡사 물리의 세계처럼 분석했다. 사실 그의 이론에는 경제활동에 인간성과 윤리를 결부시킨 스미스 경제학 같은 인간미는 없다. 리카도의 경제학에서 활발하게 움직이는 존재는 공장을 확대하려는 야심을 품은 자본가들뿐이다. 그래도 그들은 그나마 조금 인간답다. 노동자들은 생산기술을 구성하는 하나의 요소로서 공장에서 기계를 돌리는 존재일 뿐이고, 지주들은 점차 상승하는 지대 수입을 사치품 구매에 소모하는 역할만 할 뿐이다. 그리고 결국 성장은 정지된다. 그의 이론만 놓고 보면 영국의 낭만주의자 토머스 칼라일[12]이 경제학을 '음울한 과학'이라고 말한 것도 무리가 아니다.

노동자계급의 빈곤을
해결하기 위한 밀의 분배론

리카도의 경제학은 '경쟁을 해야 하는 한 반드시 이렇게 된다'라는 법칙성을 강하게 내세웠다. 그래서 경제를 인간적이지 않은 세계, 차가운 기계적 세계로 그렸다. 그러나 리카도의 뒤를 이은 밀은 리카도의 이론적인 부분은 흡수하면서도 기계적 경제관은 계승하지 않았다. 대신 그는 인간다움이 전면에 등장하는 스미스식 경제학을 지향했다.

자신의 경제학 분야 주저인 《정치경제학 원리》(*Principles of Political Economy*, 1848)에서도 밀은 리카도와 달리 분배의 가변성을 중시했다는 것을 엿볼 수 있다. 그는 자유경쟁 시장이라는 구조 속에서 자연법칙적으로서의 분배가 아니라 인간이 의지로서

---

12 토머스 칼라일(Thomas Carlyle, 1795~1881) 영국의 비평가 겸 역사가. 대자연은 신의 의복이고 모든 상징 · 형식 · 제도는 가공의 존재에 불과하다고 주장하면서 경험론과 공리주의에 도전했다.

분배가 가능하다고 생각했다.

　인간 스스로 분배의 정도를 바꿀 수 있다고는 했지만, 그것이 불평등한 시장 구조에서 평등한 분배를 위해 정부가 나서 재분배를 해야 한다는 뜻은 아니다. 밀에게 분배는 '결과'가 아니라 사람들의 활약을 위한 '조건'이었다. 그리고 그러한 분배를 담당, 활약의 조건을 정비할 주체에는 세금이나 교육제도를 담당하는 정부뿐 아니라, 임금과 이윤의 관계를 결정하는 사업 경영자가 중요한 담당자로서 포함된다('자본가'라는 말은 이윤 획득 기계 같은 느낌을 주므로 이 장에서는 인간이 사업을 움직인다는 점을 강조하기 위해 '사업 경영자'로 부르기로 한다).

　그런데 사업 경영자가 분배를 맡아 노동자가 활약할 조건을 정비할 수는 없다 하더라도, 과연 그가 공정한 임금 수준을 선택할 수 있을까? 노동자를 저임금으로 혹사해야만 비용 면에서 경쟁자를 따돌리고 경쟁에서 이길 수 있다고 판단할 경우 사업 경영자는 올바른 임금 수준을 선택할 수 없다(이것은 경쟁에 의해 가격이 정해진다는 법칙을 중시한 리카도의 견해에 가깝다). 따라서 되도록 노동자를 착취하려 드는 시장이 임금을 결정하게 된다. 그리고 이처럼 고용자가 노동자를 저임금으로 혹사할 경우 노동자는 되도록 일을 적게 하면서 정해진 임금만 받아 가면 된다고 생각할 것이다.

하지만 밀은 다른 가능성을 제시했다. 고용자는 노동자를 혹사하지 않고, 노동에 상응하는 임금을 지불하고 노동 환경을 고려하는 등 노동자를 공정하게 대우한다. 또 노동자는 자신의 일에 최선을 다하고 서로 협력하며 능력을 육성하여 회사의 사업에 자발적으로 공헌한다. 그러면 생산성이 높아져 회사가 노동자를 더욱 공정하게 대우할 수 있는 비용을 확보할 수 있다. 이러한 사고방식에는 앞서 소개한 밀의 사상, 즉 '인간은 적절한 환경과 조건만 마련되면 반드시 성장한다'라는 믿음이 반영되어 있다. 밀은 회사에서 집단으로 일하는 사람들에 관해 이렇게 말했다.

공공정신, 관대한 마음, 진실한 정의와 평등처럼 아름다운 자질은 이해의 고립이 아니라 이해의 결합(association)만이 육성할 수 있다. 우리가 진보를 통해 지향할 목적은 사람이 남에게 의존하지 않고 살아갈 수 있게 만드는 것뿐만이 아니다. 사람이 남과 함께 일할 수 있게(종속이 아닌 형태로) 만드는 것, 남을 위해 일할 수 있게 만드는 것이 진보의 진짜 목적이다. 지금까지 노동으로 생계를 유지해온 사람은 그동안 각자 자신만을 위해 일하거나 혹은 고용주를 위해 일할 수밖에 없었다. [그러나 앞으로는] 문명화로 결합의 힘이 더 커질 것이다. 대규모 생산으로 효율성과 생산성이 높아질 것이다. 그러면 생산자가 [고용주와 노동자라는] 적대적 이해와 감정을 지닌 두 집단으로 나뉘지도 않을 것이며, 노동자가 자금 제공자의 명령을 받는 존재가 되지도 않을 것이다. 되도록 일은 조금 하고 임금만 받아 가면 된다고 생각하지도 않을 것이다.

_존 스튜어트 밀, 《정치경제학 원리》 제4편 제7장

밀은 사업 경영자가 비용을 들여서라도 노동자의 협조와 자발성을 이끌어내려 노력하면 노동자도 회사에 공헌하기 위해 협력하고 능력을 발전시키려는 삶의 태도를 가질 것이라 믿었다. 그렇기에 밀에게 있어 회사라는 조직은 실천적 경험의 장(학교)이었다. 이처럼 '경제 속에서 어떤 인간성이 형성될까?' 하는 문제의식을 품었다는 점에서 밀은 스미스와 같다고 할 수 있다.

한편, 밀은 회사 조직 내 노동자의 능력이 점차 향상돼서 먼 장래에는 자본주의 자체를 극복하게 될 것이라고까지 생각했다. 노동자가 능력을 향상시켜 스스로 회사를 경영할 능력까지 갖추게 되면 자본가(자금 제공자이자 사업 경영자)가 노동자를 지배할 필요가 없어지는 것이다. 결국 회사는 노동자와 자본가의 공동 조직이 되거나 노동자끼리의 공동 조직(자본가는 단순한 자금 제공자)이 되는 것인데, 그것은 '남과 함께' 그리고 '남을 위해' 일하는 자유로운 개인으로 구성된 연합이다. 이것이 밀이 그렸던 자본주의의 미래이자 노동자계급의 빈곤 문제를 해결할 답이었다.

스미스의 '자본주의의 도덕적 조건'과
밀의 '분배론'

자유로운 개인으로 구성된 연합이라는 자본주의를 넘어선 이상적 미래상을 도출했지만 밀에게 그것은 당연히 먼 미래의 이야기였다. 현재로서는 자본가 계급만이 사업 경영을 맡을 능력이 있으므로 그들에게 의존할 수밖에 없기 때문이었다. 당장 할 수 있는 일은 계몽적인 사업 경영자들을 통해 노동자계급의 능력을 한 단계 성장시키는 것뿐이다.

다른 한계가 있다 하더라도 밀이 제시한 노동자계급에 대한 분배—성장 조건을 정비하기 위한 분배—는 스미스가 제시한 자본주의의 도덕적 조건을 회복시키기 위한 방법이라고 말할 수 있다. 스미스의 조건을 다시 한번 떠올려보자.

① 자유경쟁 시장은 공정한 규칙을 따르는 경쟁의 장일 것. 특히 자본을 움직이는 사람이 공정성을 의식하는 사람일 것.
② 자산을 사업에 활용하지 않고 임대하여 이익(이자 및 지대)을 얻으려 할 경우, 그 행동이 자산을 건전한 용도로 쓰는 데 도움이 되고 사회 전체의 부를 촉진할 것.
③ 강자가 약자를 지배하지 않고 상호이익 관계를 맺으며 약자 측의

능력도 활용할 것.

밀이 활동했던 19세기 당시에는 이들 조건, 특히 ①과 ③이
충족되지 않았다. 자본가는 강자로서 약자인 노동자를 지배했으
며 공정한 보상을 하지 않고 최대한 혹사시키려 했고, 자본은 윤
리적 관계 속에서 활용되지 못한 채 그것과는 관계없는 순수한
이윤 획득 기계로 전락한 상태였다.

[표 2-2] 스미스와 밀의 관계

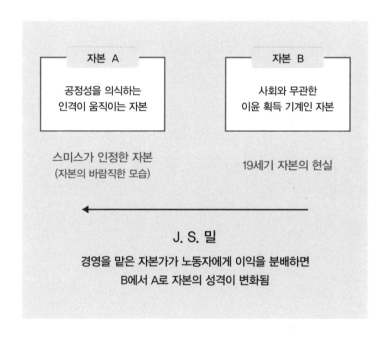

밀은 이런 자본주의의 현실을 직시하고 자본을 기계가 아닌 인간으로 되돌리려 했다. 자본가가 노동자의 활약 조건을 정비하기 위해 부를 분배하는 일은 노동자와 공정한 관계를 구축하는 일이기도 하기 때문이다. 그것은 또한 남을 전혀 고려하지 않는 이윤 획득 기계로만 작동했던 자본이 다른 사람과의 관계 하에 활용되는 자본(인격으로 움직이는 자본)으로 전환되는 것이다. 그리고 이는 곧 스미스가 제시한 자본주의의 도덕적 조건이 충족되는 것이다. ([표 2-2] 참조)

앨프리드 마셜의 생애

살펴봤듯, 밀은 19세기의 자본주의가 노동자계급의 빈곤을 초래하며 잘못된 방향으로 나아갔던 데 대해 '노동자가 활약하는 조건을 마련하기 위한 분배'가 필요하다고 주장했다. 물론 노동자를 저능력·저임금에서 고능력·고임금으로 발전시키고, 나아가 회사를 스스로 경영할만한 능력을 익히기까지 성장시키겠다는 미래 계획이 이루어지려면 많은 시간이 필요할 터였다.

19세기 후반, 경제성장에 따라 중산층 노동자가 느리게 증가하기는 했지만 노동자계급의 빈곤 문제는 여전히 남아 있었다.

예를 들어, 1996년부터 찰스 부스[13]가 런던에서 실시한 빈곤 조사에서는 '매일 생활에 쫓기는 삶이 끝없이 이어져 안심할 수 없다'는 의미의 빈곤을 겪는 사람이 런던 거주자 전체의 30.7퍼센트에 달하는 것으로 보고되었다. 이러한 현실을 맞닥뜨린 앨프리드 마셜은 밀이 품었던 문제의식(노동자계급의 빈곤을 어떻게 해결할까)을 그대로 계승했다.

앨프리드 마셜은 1842년 런던 근교 버몬지에서 잉글랜드 은행 사무원의 아들로 태어났다. 숫자에 관심이 많았던 그는 1861년에 케임브리지 대학 세인트 제임스 칼리지에 입학했고, 수학을 열심히 공부한 결과 1865년 졸업시험에서 2등이라는 훌륭한 성적을 거두었다. 당시에는 우수한 성적을 받은 졸업생에게 대학 교원 자격이 주어졌으므로 마셜 역시 그대로 수학 연구자가 될 수 있었다. 그러나 수학보다 사회 문제에 관심이 더 많았던 그는 밀의 저작을 통해 접한 빈민가의 비참한 현실을 해결하는 것을 자신의 사명으로 삼고 경제학자의 길을 걷기 시작했다.

이후 마셜은 한동안 케임브리지 대학에서 연구원으로 일하다 브리스톨 대학, 옥스퍼드 대학을 거쳐 1885년, 모교인 케임

---

13 찰스 부스(Charles Booth, 1840~1916) 영국의 사회 운동가. 노동자의 수입과 지출 관계 및 다양한 사례를 연구했으며, 빈곤 조사나 사회 조사에 관한 선구적 성과로 인정받았다. 노인 문제에도 관심을 기울여 양로 연금법 제정에 큰 영향을 미쳤다.

브리지 대학의 경제학 교수로 취임했다. '경제학의 현상'이라는 제목의 취임 연설에서는 '두뇌는 차갑게, 가슴은 따뜻하게(cool heads, but warm hearts)'라는 명언을 남겼다. 냉정한 두뇌로 분석하면서도 따뜻한 마음을 잃지 않고 더 나은 사회를 만드는 데 공헌할 인재를 배출하는 일에 힘을 쏟겠다는 맹세이기도 했다.

1890년, 마셜은 《경제학 원리》(*Principles of Economics*, 1890)를 출간했다. 마셜은 이 책 전반부에서 수급균형이론을 설명하고 후반부에서는 경제성장이론을 전개했다. 원래 후반부의 성장론을 통해 자신의 주장을 펼칠 생각이었지만 그러기 위해서는 정태적인 수급균형론을 근거로 제시할 필요가 있었기 때문이다. 성장론에 대한 마셜의 관심은 1898년에 작성한 논문 〈경제학의 물리학적 유추와 생물학적 유추〉에도 잘 드러나 있다. 이 글에서 그는 경제학이 역학적 수급균형론의 세계보다는 생물학적 성쇠와 진화의 세계를 지향해야 한다고 주장했다. 그가 이처럼 성장론에 주목한 것은 그것이 노동자계급의 빈곤 문제를 해결하기 위해 필요하다고 생각했기 때문이었다.

1980년, 비교적 젊은 나이에 마셜은 경제학 교수의 지위를 후계자 피구[14]에게 넘겨주고 은퇴했다. 이후 경제성장이론을 더 심화한 《경제학 원리》의 속편을 구상했으나 출간에는 이르지 못했다. 만년에 출간한 《산업과 상업》(*Industry and Trade*, 1919) 또한 영국, 미국, 독일 산업의 역사와 현상을 비교한 역작이었지만 《경제학 원리》 같은 체계를 갖추지는 못한 것으로 평가되고 있다. 또한 유감스럽게도 공업 면에서 뒤처져 있던 영국의 성장세를 회복시키기 위한 명확한 처방전을 제시하지도 못했다.

그럼에도 마셜의 업적은 매우 위대하다. 수급균형도(부분 균형) 뿐만 아니라 잉여 분석, 탄력성, 외부 경제, 산업 집적 등 현대까지 활용되고 있는 중요한 분석 틀과 개념이 다 그에 의해 만들어졌다. 또 피구, 로버트슨[15], 케인스 등을 후계자로 둔 '케임브리지학파' 역시 그가 없었다면 탄생할 수 없었을 것이다. 마셜은 1924년에 세상을 떠났는데, 그 이듬해에 제자들이 엮어낸 회상록은 스승에 대한 존경으로 가득했다. 그럼 이제 그의 《경제학 원리》에 등장한 수급균형론의 평가, 생산요소로서의 '조직' 개념, 그리고 경제성장론에 대해 알아보도록 하겠다.

---

14 아서 세실 피구(Arthur Cecil Pigou, 1877~1959) 영국의 경제학자. 케임브리지 대학 경제학 교수. 마셜의 계승자이자 고용 이론가다. 순수 경제학적 입장에서 '경제적 후생'을 제창, 이른 바 후생 경제학의 대가가 되었다. 국민소득을 기초 개념으로 삼아 그 변화가 사회에 미치는 영향을 연구하였다.

15 데니스 로버트슨(Dennis Holme Robertson, 1890~1963) 영국의 경제학자. 케임브리지학파의 거장으로, 특히 경기변동론 분야 연구로 널리 알려져 있다. 기간 분석으로 북유럽학파에 영향을 끼치는 등 케임브리지학파의 거시 동태론 발전에 새 방향을 열었다.

노동자계급에 대한 분배와 성장

앨프리드 마셜
Alfred Marshall
(1842~1924)

성장론을 지향한 마셜과
정태 균형론을 주장한 발라스

세상을 바꾸겠다는 큰 목표를 이루기 위해 마셜이 처음 했던 일은 경제학의 기초를 다지는 일이었다. 그는 스미스, 리카도, 밀로 대표되는 정통파 경제이론을 충분히 받아들이면서도 부족한 것들을 보충하려 했다. 구체적으로는 수요 곡선, 공급 곡선을 활용하여 시장을 이해하는 '수요와 공급에 의한 균형가격 결정이론'을 고안했는데, 오늘날 이 개념은 경제학에서 상식처럼 쓰이고 있다.

마셜은 공급자가 가격 결정에 가장 큰 역할을 한다고 주장했던 기존의 경제학(고전파)에 맞서 수요자의 역할을 중시했던 당시 새로운 경제학의 흐름 - 제번스[16], 멩거[17], 발라스[18]가 추진한 경제이론상의 혁신으로 나중에 '한계혁명'으로 불리게 됨 - 을

---

16 윌리엄 스탠리 제번스(William Stanley Jevons, 1835~1882) 영국의 경제학자, 논리학자. 영국 한계 효용학파 창시자 중 한 명으로 영국 공리주의에 의거하여 평균적 시민의 쾌락·고통을 계산함으로써 효용이론을 전개하고, '재화의 교환 가치는 그 최종 효용도에 의하여 결정된다'라는 한계효용 균등의 법칙을 수학적으로 증명했다. 또한, 물가지수를 연구한 결과 '경기변동은 태양 흑점과 같이 10년 반 주기를 거친다'라고 주장했다.

17 카를 멩거(Carl Menger, 1840~1921) 오스트리아의 경제학자. 오스트리아학파 창시자로, 제번스와 함께 한계효용의 원리를 발견, 근대 경제학의 선구자가 되었다.

18 레옹 발라스(Marie Esprit Léon Walras, 1834~1910) 프랑스의 경제학자. 로잔학파의 시조이자 일반균형이론의 창시자이다.

따르려 했던 것으로 보인다. 그러나 시장 원리를 근본부터 새로 구축하려 했던 마셜은 한계혁명 추진자들과도 생각이 달랐다. 이를 이해하기 위해 마셜과 특히 대조적이었던 발라스의 견해를 비교해보자.

발라스는 한계혁명을 추진한 경제학자로 생산요소를 포함, 모든 시장에서 완전 경쟁이 기능하여 수요와 공급이 균형을 이룬다는 '일반 균형' 개념을 제시했다. 이 일반 균형 상태에서는 모든 자원이 효율적으로 활용된다(직관적으로는 금세 이해되지만 이것에 대한 엄밀한 증명은 20세기가 되어서야 이루어졌다). 따라서 완전 경쟁이 모든 시장에서 기능하는 상태는 경제가 지향해야 할 하나의 이상이다. 이 이론은 지금까지도 자유시장경제를 옹호하는 사람들에게 큰 힘이 되고 있다.

그런데 마셜은 발라스의 이 이론을 어떻게 생각했을까? 그도 수학에 뛰어났으므로 이론 자체를 이해하는 것은 어렵지 않았을 것이다. 그러나 그는 현실적 타당성이 거의 없다며 발라스의 이론을 인정하지 않았다. '시간'을 고려하지 않았다는 이유에서다. 발라스의 계산에서는 주어진 생산기술, 사람들의 기호, 자원의 초기 보유량 값으로 수요와 공급의 힘이 완전히 작용하는 하나의 점을 파악한다. 그러나 그 계산에는 시간의 경과라는 요소가 포함되어 있지 않기에 기술의 변화는 반영되지 못한다. 마셜은 경제성장의 원리를 파악하려 했기에 특정한 시점에서 자원 배분의 효율성에만 주목한 발라스의 이론을 높이 평가하지 않았던 것이다.

성장론의 열쇠가 될 제4의 생산요소 '조직'

기술이 어떻게 변화하는지, 성장이 어떻게 진행되는지를 이해하기 위해 마셜은 노동, 자본, 토지 외에 제4의 생산요소로 '조직'이라는 독자적인 개념을 도입했다.

자본은 대부분 지식과 조직으로 이루어진다. 그 자본의 일부는 사유재산이지만 사유재산이 아닌 부분도 있다. 지식은 생산의 가장 강력한 엔진이다. 우리는 지식 덕분에 자연을 제어하고 우리의 욕구를 채우는 데 자연을 활용할 수 있다. 조직은 이러한 지식을 보조한다. 조직은 한 기업의 조직, 동업자들이 모인 기업군 조직, 서로 다른 업종이 교류하는 조직, 나아가 국가라는 조직(국가는 안전을 보장하고 많은 사람을 돕는 조직이다) 등 매우 다양한 형태를 띤다. 이런 지식과 조직에는 사적 재산 부분과 공적 재산 부분이 있으므로 그것을 구분하는 것이 중요하다. 게다가 그 중요성은 점점 더 커지고 있다. 그것은 어떤 의미에서는 물적 자산을 공유하느냐, 사유하느냐 하는 문제[사회주의냐 자본주의냐 하는 문제]보다 훨씬 중요하다. 그런 사정까지 감안한다면[생산요인인 '자본'에 포함시키기보다] 조직(organization)[공적인 부분]을 독자적인 생산요인으로 보는 편이 좋을 것이다.

_앨프리드 마셜, 《경제학 원리》 제4편 제1장

'조직'은 지식의 성장을 돕기 위한 무형의 자본이다. 구체적으로 말해 조직이란 한 기업의 노동자들이 지식을 창조하려 하는 생동감, 다른 기업과의 경쟁을 통해 지식 창조가 촉진되는 활기, 서로 다른 업종과 접촉하여 새로운 지식 활용의 길을 열고자 하는 도전적이고 의욕적인 태도, 그리고 이것들을 돕는 공적 기반 모두를 가리킨다.

마지막 '공적 기반'을 제외한 생동감, 분위기, 태도 등은 무형의 요소이므로 어떤 의미에서 조직은 막연한 개념이라 할 수 있다. 기계 같은 물적 자본이라면 소유권을 특정할 수 있겠지만 무형의 자본을 누군가의 사유재산으로 특정할 수는 없다. 그럼에도 각 기업은 이 '조직'의 뒷받침으로 지식과 수익을 창출한다.

'조직'은 하나의 기업이 투자, 회수하는 자본과는 다르다. 창조적이고 활기찬 기업이 상호작용을 거쳐 창조한 지식이기 때문이다. 즉, 자본과 달리 '외부 경제'의 네트워크가 어떠하냐에 따라 성과가 좌우되는 것이다.

각 기업은 노동자에게 공정한 임금을 지불하고 능력을 육성하며 그들이 창조성을 발휘할 수 있도록 환경을 정비한다. 또 지식을 창조하기 위해 개발 투자를 한다. 그러나 창조의 열매를 키워 투자비용을 회수하기 위해서는 다른 기업들도 동시에 투자해야 한다. 적극적 투자의 상호작용이 이루어졌을 때 투자비용을 상회하는 성과가 날 것이고, 이를 통해 얻게 된 성과금을 노동자와 개발을 위한 투자에 할애할 수 있기 때문이다. 물론 이렇게 되면 활기찬 창조가 계속해서 이어질 것이다. 마셜은 '조직'이라는 연합을 통해 이루어지는 이 같은 성장을 '유기적 성장'이라고 지칭했다.

그렇다면 유기적 성장이 선순환(활기 → 성과 → 활기)을 이룰수 있도록 하려면 어떻게 해야 할까? 마셜은 이 질문에 답하기 위해 활기를 만들어내는 사람들, 즉 사업 경영자와 노동자의 '정신'에 주목했다.

유기적 성장을 위한
'경제 기사도'와 '인생 기준'

사업 경영자는 적극적인 투자를 실시함은 물론, '조직'의 활기를 유지하기 위해 눈앞의 이익에 좌우되기보다 자신의 행위에 따르는 사회적 책임을 의식하는 윤리의식을 가져야 한다. 마셜은 경영자가 지녀야 할 이런 윤리의식을 '경제 기사도'라고 불렀다. 경제 기사도란 눈앞의 이익을 위해 소비자를 속이거나 노동자를 낮은 임금으로 혹사시키거나 위험을 두려워해 지식에 대해 투자하기를 꺼리지 않고, 경제적 복리를 증진할 책임이 있는 사람으로서 중세 기사와 같은 자부심을 갖고 명예를 중시하며 행동하는 자세를 말한다.

물론 마셜은 단순한 사업 경영자에게만 기사처럼 훌륭하게 행동하라고 요구한 것은 아니다. 경제 기사도라는 말에는 사업 경영자가 기사처럼 사회에서 존경받는 존재여야 한다는 뜻도 담겨 있다. 마셜은 사업 경영자야말로 사회의 미래를 결정하는 존재이자 뛰어난 두뇌가 필요한 중대한 일을 수행하는 사람들이라고 생각했다. 실제로 그들은 매일 자신의 사업 환경과 관련된 정보를 모으고 다양한 가능성을 검토하는 동시에 기업 조직을 통솔하는 매우 어려운 직무를 수행하고 있다. 그리고 이는 마셜이 유능한 사업 경영자는 사회에서 존경받아야 한다고 생각한 이유이기도 하다.

그런데 이처럼 유능한 사업 경영자가 노력에 걸맞은 보상을 받고 사회적 존경을 받으려면 정부가 환경을 정비할 필요가 있다. 그리고 그중 첫 번째로 해야 할 일이 공정한 경쟁을 실현하기 위한 경쟁법(독점 금지법 등)을 정비하는 것이다. 이를 통해 독점하지 않고 좋은 상품을 합리적인 가격에 제공하기만 하면 돈을 벌 수 있게 해야 한다. 경쟁이 공정하다면 일을 잘하는 사람이 보상받을 수 있게 말이다.

정부가 해야 할 그다음 중요한 일은 정보 공개를 촉진하는 것이다. 기업이 숨기고 싶은 정보를 정부 권한으로 공개하면 기업은 대중에게 노출된다. 그때 어떤 기업이 부를 획득하기 위해 불공정한 방법을 쓴 사실이 드러난다면 대중은 윤리적, 도덕적으로 그 기업을 비난할 것이다. 이렇게 늘 평가를 받고 있다는 사실을 인지하면 사업 경영자도 대중의 평가를 무시할 수 없게 된다. 기업 정보가 공개되지 않을 경우, 사람들은 돈을 '어떻게' 벌었느냐가 아니라 오직 '얼마나' 벌었느냐로 사업 경영자를 평가할 것이다. 그러면 사업 경영자 또한 인정받기 위해서라도 눈앞의 이익에만 집중하게 된다. 그러므로 '경제 기사도'를 보급하기 위해서는 기업 정보가 반드시 공개되어야 한다.

한편, 경영자의 윤리인 '경제 기사도'와 반드시 양립시켜야 할 것이 하나 있는데, 그것은 바로 '노동자의 윤리적 생활 태도'다. 노동자가 오직 안락만 추구한다면 경영자가 아무리 노동자를 존중하려 해도 소용이 없다. 마셜은 특히 저임금 노동자들이 생활 태도를 바꾸고 자신의 인생을 개선하려 노력해야 한다고 주장했다. 눈앞의 안락이 아니라 성실한 인생을 지향하는 삶, 능력 계발에 노력을 아끼지 않는 삶을 살아야 한다는 것이다. 마셜은 그것을 '인생 기준(standard of life)'이라고 불렀다. 이 인생 기준과 '경제 기사도'라는 윤리적 조건이 갖춰지면 '조직'이 활성화되어 창조성을 발휘하게 된다. 이것이 마셜의 '유기적 성장'이다.

바람직한 자본주의의 실현 방법

스미스의 자본주의의 도덕적 조건과 밀의 분배론을 살펴보며 말했다시피, 밀은 스미스가 제시한 자본주의의 도덕적 조건이 무너졌으므로 그것을 회복하기 위해서는 노동자에게 부를 분배해야 한다고 주장했다. 자본이 타자 따위는 신경 쓰지 않는 이윤 획득 기계로 전락한 현실을 타파하기 위해서는 자본을 타자와의 관계 속에서 활용되는 자본, 즉 자본의 공정성을 의식한 사람이 움직이는 자본으로 변화시킬 필요가 있기 때문이다. 부를 노동자에게 분배하여 자본이 타자를 의식하게 만드는 것, 그것이 밀이 생각했던 바람직한 자본주의의 실현 방법이었다. 그리고 이는 '경제 기사도'와 '인생 기준'이라는 윤리에 기초한 유기적 성장을 제창했던 마셜의 생각과도 일치한다.

밀과 마셜은 자본을 움직이는 사람의 이윤추구 욕구를 부정하기보다 그들의 행동을 '공정성'으로 제약함으로써 자본주의 경제체제를 지키려 했다. 이것은 분명 현실경제가 지향해야 할 하나의 해답이다. 그러나 이는 어디까지나 사업 경영자가 자본을 움직일 때 이야기다. 만약 자본을 가진 사람과 그것을 실제로 활용하는 사람이 분리된다면 어떻게 해야 할까? 그런 세상에서 스미스의 조건을 회복시킬 새로운 방법을 연구한 경제학자가 바로 이어서 소개할 케인스다.

밀은 다양한 문제를 인간의 도덕적 진보와 결부시켜 생각했다는 점에서 매력적이다. 밀은 어제보다 오늘, 오늘보다 내일이 좋아질 것이라는 낙관적, 방관자적 진보주의를 택하지 않고, 어떤 정치제도와 경제제도를 만들어야 인간이 도덕적으로 진보할 수 있느냐를 진지하게 고민했다. 그래서 밀의 사상이 오늘날까지 빛을 발하는 것이다.

마셜의 경제학은 그 이론적 내용과 그가 지향하는 경제체제를 연결시켜 생각해야만 이해할 수 있으므로 그리 쉬운 상대가 아니다. 하지만 이론과 연결시켜 '유기적 성장론'과 '생산요소로서의 조직' 및 '복합적 준지대' 개념을 파악할 수만 있다면 마셜의 사상 또한 그리 어렵지 않게 이해할 수 있을 것이다.

제3장

금융이 자본주의를
왜곡한다

존 메이너드 케인스

John Maynard Keynes

이자와 저축이 경제를 망친다?

앞서도 말했다시피 19세기 영국 경제학의 최대 문제는 노동자계급의 빈곤이었다. 그러나 과학 기술의 발전으로 인류의 물질적 삶이 윤택해지고 있었으므로 많은 사람이 기본적으로는 풍요로움과 안락한 삶을 살게 될 것이라고 믿었다. 자유경쟁 시장을 기반 삼아 삶이 진보할 것이라 모두가 기대하는 가운데 경제학자들은 그 시기를 앞당기거나 더 좋은 방향으로 전환하는 데 관심을 두었다. 그러나 그 진보와 안정 기조는 제1차 세계대전 (1914~1918)으로 모조리 무너지고 말았다. 전쟁이 일어나기 전에는 영국이 세계 제일의 패권국이었고 전쟁이 끝난 후에도 그 상황은 변함없는 듯했지만 현실은 생각과는 달랐다.

이처럼 이전 같지 않은 상황에서는 과거와 현재의 차이를 파악하고 과거와는 다른 방식을 시도해야 한다. 그럴 때는 상식(이전에 통용되었던 사고방식)에 도전하는 지성이 필요한데, 존 메이너드 케인스John Maynard Keynes야말로 그런 지성을 갖춘 드문 사람이었다.

케인스는 이자와 저축에 관해 당시의 상식에 도전했다. 당시 영국의 부자들은 자신의 금융자산을 해외에 투자하여 이자를 받고 저축으로 돈을 불렸다. 큰 부자들뿐만 아니라 경제성장기의 흐름 속에서 풍요해진 중산층도 돈을 아껴서 저축을 하고 이 자로 자산을 늘렸다. 당시 상식에 따르면 이는 나라 경제에 좋은 일이었고, 좋은 돈벌이기도 했다. 소비를 억제하여 저축하는 것을 자본 축적을 촉진하고 나라 경제를 부유하게 만드는 일로 여겼기 때문이다. 그래서 당시에는 이자로 돈을 버는 것, 저축하는 것이 미덕이었다. 그런데 케인스가 이 상식에 정면으로 도전한 것이다. 이자로 돈을 버는 것, 저축하는 것이 과연 사회 전체를 부유하게 만드는 '좋은 돈벌이'일까? 금융자산을 늘리는 데 정신이 팔려 더 중요한 활동인 실물 자산 활용을 위축시키고 있는 것은 아닐까? 이 문제의식은 나중에 시장의 자동조정능력을 부정하는 독창적 이론을 낳았다(《고용, 이자 및 화폐에 관한 일반 이론》(*The General Theory of Employment, Interest and Money*, 1936)에 등장하는 '유효수요의 원리').

그런데 케인스에 대한 경제학 역사의 평가를 언급하면서 주의를 환기할 필요가 있겠다. 보통은 케인스가 자유경쟁 시장의 자동조정능력을 믿는 정통파 경제학—스미스로부터 마셜로 이어지는—에 반대하여 시장에 자동조정능력이 없다고 주장했다고 생각한다. 그 생각 자체는 틀리지 않다. 그러나 정통파 경제학자들과 케인스가 완전한 적대 관계는 아니다.

시장에 기초한 좋은 돈벌이를 강조한 스미스, 그리고 스미스의 조건이 무너진 현실경제에 대한 처방전을 내놓은 밀과 마셜을 적대 관계로 보는 사람은 아마 없을 것이다. 밀과 마셜은 스미스의 경제학 정신을 계승하여 그것을 시대에 맞는 형태로 보완하려 했기 때문이다. 그렇다면 스미스와 케인스의 관계도 마찬가지다. 케인스는 스미스의 자본주의의 도덕적 조건이 무너진 현실경제에 처방전을 제시하여 바람직한 자본주의 경제를 회복시키려 했다. 케인스 이론의 독창성에만 집중하다 보면 이 점을 간과하기 쉬우므로 처음부터 이 부분을 짚고 넘어가고자 하는 것이다.

그러면 케인스의 경제학은 어떤 내용이고 그것이 어떤 시대적 배경과 사고 과정에서 태어났는지 알아보자.

존 메이너드 케인스의 생애

존 메이너드 케인스는 1883년 영국 케임브리지에서 태어났다. 그의 아버지 존 네빌 케인스[19]는 케임브리지 대학의 경제학

---

19 존 네빌 케인스(John Neville Keynes, 1852~1949) 영국의 경제학자. 케임브리지 대학에서 도덕과학을 강의했다. 아들 메이너드 케인스에게 교육적 지원을 아끼지 않았으며, 그로 인해 케인스학파의 토대를 마련했다는 평가를 받는다.

존 메이너드 케인스
John Maynard Keynes
(1883~1946)

자로 마셜과도 친했다. 어머니 플로렌스 아다[20] 역시 케임브리지 대학의 여학교를 졸업한 후 케임브리지시의 행정에 종사했고 나중에 시장까지 역임했다.

케인스는 이런 학문적 분위기 속에서 자라나 1902년에 케임브리지 대학의 킹스칼리지에 입학했다. 대학에서는 재기 넘치는 학생으로 철학, 문학, 정치 등 폭넓은 분야에 흥미를 보였고 수학을 전공했다. 그러나 졸업시험 성적은 평범해서 관료의 길을 선택했다.

1906년부터는 런던의 인도성(印度省)에서 근무했으나 관료 생활이 활동적인 기질과 맞지 않았는지 대학으로 돌아가기 위해 1908년에 오랫동안 연구했던 '확률론'에 대한 연구 논문을 집필하여 제출했지만 첫해에는 연구원 심사에 불합격했다. 대신 케인스의 재능을 알고 있었던 마셜의 도움으로 케임브리지 대학의 경제학 강사가 되었다. 그리고 1909년에 논문을 고쳐 써서 심사에 합격, 킹스칼리지 선임 연구원이 되었으며, 이때부터 경제학자로서 재능을 발휘하기 시작했다.

1913년에는 런던의 인도성 근무 경험을 살려《인도의 통화와 금융》(Indian Currency and Finance, 1913)을 저술하였고, 젊은 나

---

20 플로렌스 아다 케인스(Florence Ada Keynes, 1861~1958) 영국의 작가·역사가·정치가. 지역사회 개혁가이자 케임브리지 시장을 역임했다. 아들 메이너드 케인스의 가장 친한 친구였다.

이에 인도의 통화 문제를 검토하는 정부위원회 위원에 선출되었다. 그는 상아탑 속의 학자가 아니라 정부의 정책 운용에 참여하기 위한 활동능력과 실무능력을 두루 갖춘 인재였다.

제1차 세계대전 중에는 재무부에 근무하면서 미국에서 빌린 막대한 빚으로 전쟁이 치러지는 현실을 생생하게 목격했다. 그것은 영국의 패권이 사라지는 현장이기도 했다. 전쟁 직후 파리 강화회담 때는 재무부 수석대표로 참여하기도 했다. 그러나 독일에 어떤 조치를 취하느냐에 대해 당시 총리였던 로이드 조지[21]와 의견 충돌이 일어나 회의 말미에 사직했다. 그리고 이때의 회의 경험을 살려 《평화의 경제적 결과》(*The Economic Consequences of the Peace*, 1919)를 출간했다.

케인스는 이 책에서 회의를 주도한 사람들의 특징과 심리를 정교하게 그려내는 동시에, 회의 결과 맺어진 베르사유 조약이 독일에 너무 가혹하다며 비판했다. 승자가 패자에게 보복하기보다 새로 태어난 패자(독일)와 공존공영의 관계를 구축해야 한다는 케인스의 생각은 스미스의 자본주의의 도덕적 조건, 강자와 약자의 상호이익 관계를 연상시키는 경제학적 발상이다. 이 책은 큰 인기를 얻어 케인스를 일약 유명인사로 만들었다.

---

21 데이비드 로이드 조지(David Lloyd George, 1863~1945) 영국의 정치가. 영국 자유당 출신 총리로 제1차 세계대전 중 전시 내각을 이끌었고 베르사유 조약을 성사시켰다.

1920년대 영국은 실업률이 약 10퍼센트대를 유지하는 만성적 불황 상태였기 때문에 케인스는 이러한 현실을 경제학적으로 설명하고자 했다. 그는 전쟁의 혼란으로 중단되었던 금본위제[22]의 부활에 대해, 전쟁 이전의 교환 비율을 그대로 적용하고자 하는 정부 정책에 문제가 있다고 주장했다. 이 사안은 케인스의 경제관을 이해하는 데 아주 중요하기 때문에 좀 더 상세히 설명하겠다.

1929년, 뉴욕의 주가 대폭락으로 인해 시작된 대공황은 세계로 퍼져나갔고, 그렇지 않아도 불황이 계속되던 영국은 특히 더 심했다. 경제가 어찌나 어려웠던지 영국은 1925년 강제로 부활시켰던 금본위제를 1931년 포기했으며, 1932년에는 오래된 정책 지침이었던 자유무역마저 포기하고 동맹국과만 무역을 하는 블록 경제(스털링 블록)를 형성하였다. 세계의 모든 나라가 경제적으로 어려워져 대외 지급이 곤란한 상황이었으므로 보호주의와 블록 경제화가 단숨에 진전되었다.

블록 경제는 서로 다른 블록들, 그리고 블록을 만들 수 없는 나라와의 사이에 긴장과 대립을 유발한다. 케인스는 각국이 상호 대외 지급 압력을 해결하기 위해 서로 금을 빼앗는 바람에 그

---

22 통화의 표준 단위가 일정한 무게의 금으로 정해져 있거나 또는 일정량의 금 가치에 연계되어 있는 화폐제도를 말한다.

런 긴장과 대립이 생겼다고 판단했다. 그래서 세계의 긴장과 대립을 완화하기 위해 개최된 세계경제회의(1933년, 런던)에 즈음하여《번영의 길》(*The Means to Prosperity*, 1933)이라는 소책자를 출간했다. 이 책에서 케인스는 대외 지급 압력을 완화하기 위해 금을 대신할 가치를 창조할 것, 그리고 보호주의에 의존하지 않고 국내 경제를 재건하기 위해 '재정 확대 정책'을 쓸 것을 제안했다. 세계 각국을 공존공영 관계로 되돌려 상호이익을 꾀하려 했던 것이다. 그러나 그의 노력은 결실을 보지 못하였다.

블록 경제는 자급자족 영역을 만들어내는 방식이므로 영국처럼 많은 식민지를 거느린 나라가 아니면 채택할 수 없다. 따라서 식민지가 없는 나라 – 일본, 독일, 이탈리아 – 들이 동맹을 맺고 군사적 활로를 여는 방법을 선택한 결과 제2차 세계대전 (1939~1945)이 발발했다.

케인스는 그 이전인 1936년에《고용, 이자 및 화폐에 관한 일반 이론》(이하《일반 이론》으로 약칭)을 출간하여《번영의 길》의 이론적 근거로 삼았는데, 거기서도 이미 시장이 자동조정능력을 갖추었다는 기존의 암묵적 상식을 부정한 바 있다. 이것은 경제학의 근본 상식을 뒤엎는 주장이었고, 나중에 '케인스혁명'으로 불릴 만큼 큰 영향을 미쳤다.

케인스는 제2차 세계대전 중에 국내정책, 대외정책 양쪽 모두에서 활약했다. 국내정책 면에서는 전시 중 수요 과잉 경향을 인플레이션[23] 없이 극복할 방법을 제안했다. 과거에는 전쟁 중에 반드시 인플레이션이 일어나 서민들이 고통을 받았기 때문이다. 케인스는 서민들이 전쟁이 끝난 후로 수요를 미룬다면 전체 수요와 전체 생산능력이 맞아떨어져서 인플레이션 없이 무사히 전시를 넘길 수 있을 것이라고 했다. 이것이 바로 저 유명한 '지출 연기 이론'이다. 케인스의 이런 제안들 때문에 경제를 거시적으로 파악해야 한다고 생각하는 사람이 많아져 국민경제 계산법 - 국민소득과 GDP를 계산하는 방법 - 이 정비되기 시작했다 (이 정비 작업에는 케인스도 직접 관여했다).

대외정책 면에서는 제2차 세계대전 후 열린 국제 경제질서에 관한 미국과의 교섭에서 실질적인 영국 대표로 활약했다. 미국 측이 화이트 안[24], 영국 측이 케인스 안[25]을 들고나왔는데, 양

---

23 통화량이 팽창하여 화폐 가치가 떨어지고 물가가 지속적으로 올라 일반 대중의 실질적 소득이 감소하는 현상을 말한다

24 각국이 분담하여 기금을 만들고, 그 가맹국은 의무적으로 환율을 안정시켜 무역 제한을 철폐한다는 내용이다. 국제 통화인 유니타스(Unitas)로 형성된 기금은 가맹국의 국제수지 안정을 위한 외화 자금을 공급한다. 유니타스의 설정 등 약간의 내용을 제외하고는 그 구상의 대부분이 현재의 IMF에 반영되었다. 참고로 화이트 안의 입안자인 해리 덱스터 화이트(Harry Dexter White)는 소련의 간첩으로서 장기간 미국의 고위직으로 근무하며 소련에 수많은 기밀을 넘긴 것으로 밝혀졌다.

25 국제 청산 동맹을 설치한다는 내용이다. 그 가맹국은 금본위의 새로운 세계 통화 밴코어(Bancor) 계정을 신설하고 이 계정으로 국가 간 결제를 실시한다. 계정 잔고에 일정액 이상의 적자가 발생하면 과징금이 부과되거나 신용평가 조정, 수입 제한 등의 조치가 시행된다. 밴코어를 가상통화의 초기 형태로 보는 견해도 있다.

국의 이해관계로 인해 경상수지 흑자국의 책임과 달러의 지위에 대한 격렬한 논쟁이 벌어졌다. 그 결과, 미국에서 빌린 돈으로 제2차 세계대전을 치를 만큼 교섭력이 약해졌던 영국이 결국 패했고 화이트 안에 가까운 결의안이 선택되었다. 그래서 1944년 브레튼우즈 회의에 참석한 44개국의 합의에 따라 전후 국제통화기금IMF과 국제부흥개발은행IBRD이 설립되었다. 이것이 소위 '브레튼우즈 체제'[26]다.

영국 측이 미국의 세력에 압도되어 한 걸음 물러섰다고는 하지만, 전후 국제 경제질서는 블록 경제화를 반대하는 등《번영의 길》을 출간한 케인스의 정신을 상당히 반영하였다. 국제금융기관을 설립하여 경상수지 적자를 낸 나라에 가해지는 대출 상환 압력을 완화하면 모든 나라가 자유무역을 지속할 수 있으며(대외 지급 압력 때문에 보호주의를 선택할 필요가 없으므로), 일정 기간 경상수지를 적자로 유지해도 된다면 수입이 증가하는 경향이 강한 나라에서도 국내 수요를 환기하는 정책을 펼칠 수 있다. 이처럼 자유무역이 유지되면 각국이 자국의 잠재적 생산능력을 최대

---

26 Bretton Woods System. 제2차 세계대전 후 세계 자본주의 질서를 재편하기 위해 1944년 서방 44개국 지도자들이 미국 뉴햄프셔주의 브레튼 우즈에 모여 만든 국제통화기구. 미 달러를 금으로 바꿔주는 '달러화 금 태환제'의 도입, IMF(국제통화기금) 및 세계은행(IBRD) 창설 등이 그 핵심 내용이다. 베트남전쟁에 막대한 비용이 들었다는 이유로 1971년 미국이 달러 금 태환제를 포기하면서 사실상 붕괴됐지만, 여전히 국제 금융의 기본 틀로 남아 있다. 이 체제가 가동된 이후 금본위제가 사실상 달러 본위제로 바뀌었다고 할 수 있다.

금융이 자본주의를 왜곡한다

한 발휘하게 된다. 그렇게 되면 나라와 나라가 대립할 필요가 없어져 상호이익에 기초한 공존공영의 관계가 구축되는 것이다. 이것이《번영의 길》과 브레튼우즈 체제의 공통된 정신이다.

그러나 1937년부터 종종 심장 발작을 일으켰던 케인스로서는 대미 교섭이 큰 부담이 되었던 듯하다. 그리고 결국 1946년, IMF 및 세계은행 설립 총회를 마치고 귀국하자마자 62세의 나이로 숨을 거두었다.

금본위제 부활 정책의 속내

케인스의 경제관을 좀 더 잘 이해하기 위해서는 1920년대의 금본위제 부활 문제에 대한 그의 견해를 알아볼 필요가 있다.

금본위제란 각국 중앙은행이 보증하여 통화와 금을 교환해주는 제도다. 영국을 예로 들자면 잉글랜드 은행이 '파운드를 갖고 오면 금 ○○그램과 바꿔주겠다'고 온 세상에 약속했다는 뜻이다. 은본위제를 쓰는 국가도 있었지만 은의 가치가 19세기 후반 하락했기 때문에 금이 국제 가치 표준이 되었고, 거의 모든 나라가 금본위제를 사용하는 '국제 금본위제'가 성립되었다.

국제 금본위제를 택한 나라 중에서도 영국은 지위가 특별했다. 오랫동안 금과 파운드의 교환 비율(금 1트로이온스＝약 31그램 ＝4.27파운드)을 일정하게 유지했기 때문이다. 그래서 파운드는 언제든 금으로 교환할 수 있다는 국제적 신뢰가 생겼고, 많은 나라에서 파운드로 국제적인 무역 거래나 금융 거래를 했다. 전 세계 사람이 영국의 금융가인 '런던 시티'에서 채권을 발행했으며, 전 세계의 무역 거래(영국 외의 국가 간 거래도 포함)가 파운드로 이루어졌다. 런던 시티는 세계 무역, 금융의 중심지였고, 국제 금본위제는 사실상 '파운드 본위제'와 같은 말이 되었다.

한편, 19세기 말경 영국은 중화학과 공업 부분 발전이 늦어지면서 산업 분야에서 미국보다 뒤떨어진 상태였다. 수입량도 많아 무역수지 또한 적자였다. 그러나 런던 시티는 공업 분야의 불리함을 상쇄하고도 남을 만한 수익을 내고 있었다. 해운, 보험 수입과 대외무역에서 발생하는 이자 수입이 무역수지 적자를 웃돌아 경상수지 부문에서 막대한 흑자가 발생했고, 그 흑자는 대외무역을 더욱 증가시켜 이자 수입을 크게 부풀렸다. 쉽게 말해 19세기 후반 이후의 영국은 자국 내 산업능력이 아닌 전 세계를 투자처로 삼은 금융에 힘입어 세계 제일의 지위를 유지했던 것이다. ([표 3-1] 참조)

그런 상황에서 제1차 세계대전이 일어나자 잉글랜드 은행은 금본위제를 일시적으로 중단했다. 파운드와 금의 교환이 보

[표 3-1] 영국의 국제수지 구조(19세기 후반)

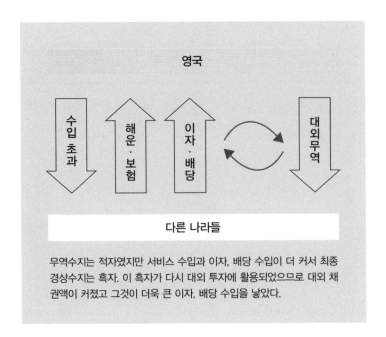

영국

수입 초과

해운·보험

이자·배당

대외무역

다른 나라들

무역수지는 적자였지만 서비스 수입과 이자, 배당 수입이 더 커서 최종 경상수지는 흑자. 이 흑자가 다시 대외 투자에 활용되었으므로 대외 채권액이 커졌고 그것이 더욱 큰 이자, 배당 수입을 낳았다.

증되지 않았으므로 환율에 통화의 실력(물가를 고려한 실질적 구매력)이 반영되는 변동환율 제도를 채택했던 것이다. 전쟁 이전에는 파운드와 달러의 환율이 고정되어 있었지만(1트로이온스=20.67달러, 1트로이온스=4.247파운드였으므로 1파운드=4.86달러. 이 환율은 금 운송비의 범위 내에서만 변동이 있었다), 제1차 세계대전 후에는 변동환율제에 따라 파운드의 가치가 전쟁 전보다 떨어졌다(1파운드=약 4달러). 영국과 미국 모두 물가가 상승했으나 영국의 물가가 상대적으로 더 상승했기 때문이다.

그러자 사람들은 혼란기 이후 금본위제가 언제 다시 시작될지 일제히 촉각을 곤두세웠다. 대영제국이 금본위제 덕분에 흑자를 얻을 수 있었으니 당연한 일이었다. 그러나 변동환율제의 환율(1파운드＝4달러)과 구 환율(1파운드＝4.86달러) 사이에는 너무나 큰 격차가 있었다. 그래서 영국 정부는 물가를 내려 과거의 환율을 회복하려 했다.

금융과 산업, 어느 쪽 이익이 더 중요한가?

케인스는 영국의 금본위제 부활 정책을 두 가지 관점에서 비판했다. 첫째는 과거 환율 기준으로 금본위제를 부활시키는 것이 누구에게 이득이 되느냐는 것이고, 둘째는 금본위제의 전제가 이미 무너졌다는 것이다.

먼저, 과거 환율 기준으로 금본위제를 부활시켰을 때 이득을 보는 사람은 파운드를 가진 사람들과 파운드의 권위에 힘입어 상거래를 해왔던 금융계, 즉 케인스가 '투자가 계급'으로 불렀던 사람들이다. 한편 물가가 하락하면 산업계, 즉 기업가와 기업에서 일하는 노동자들이 손해를 보게 된다. 디플레이션[27] 정책으로 판매가 저조해지고 물가가 하락하면 기업 매출액이 크게 감소하기 때문이다. 게다가 대부분의 기업이 고정된 부채를 짊어지고 있었으므로 부채 비율은 더 높아지게 된다. 노동자는 판매가 저조해지면 해고당해 실업의 고통을 겪게 될 것이다.

과연 '금융'과 '산업' 중 무엇이 더 중요할까? 금융계가 영국에 가져다주는 이익은 분명 막대했고 산업은 뒤처져 있었으므로 얼핏 보기에는 금융을 우선시하는 것이 이득인 것처럼 보였을 것이다. 게다가 당시에는 극소수의 부자만 이자로 수입을 벌어들인 것이 아니었다. 19세기 경제성장으로 돈에 여유가 생긴 중산층도 많은 이자 수입을 벌어들이고 있었다. 그래서 저축을 통한 이자 수입은 영국 사람들의 풍요로운 생활의 원천인 것처럼 보였다.

그러나 정말로 금융이 더 중요했을까? 해외에서 이자 수입을 벌어들이는 일과 국내 생산으로 가치를 창조하는 일 중 무엇이 더 중요할까? 이에 대해 일찍이 애덤 스미스가 '국내에 금은을 유입하는 중상주의 정책은 가짜 부를 추구하는 정책이며, 국가의 진정한 부는 풍성하게 생산하고 소비하는 데서 나온다'고 주장한 것을 기억하기 바란다. 부의 원천에 대한 스미스의 생각에

---

27 통화량 축소에 따라 물가가 하락하고 경제활동이 침체되는 현상 또는 경기 과열이나 인플레이션 억제를 위하여 팽창시킨 화폐를 정책적으로 줄이는 일을 말한다.

따르면, 과거의 환율을 되살리려는 사람들은 가짜 부를 추구하고 진짜 부의 생산을 방해하는 사람들이었다. 그렇지 않아도 영국 산업은 미국과 독일에 뒤처져 있었다. 그런 데다 산업계에 디플레이션 압력을 가하면 영국은 산업 면에서 완전히 뒤처질 것이 뻔했다.

따라서 케인스는 산업 발전을 고려하여 국내 물가 안정과 환율 안정을 우선시하는 것이 옳다고 주장했다. 그래서 설사 어쩔 수 없이 금본위제로 복귀한다 해도 현재의 가치보다 강세인 과거의 환율이 아니라 현재의 가치에 맞는 새로운 환율을 채택해야 한다고 말했다. 그러면 지금부터 케인스가 금본위제 자체에 의구심을 품었던 이유를 찬찬히 살펴보자.

케인스가 '금본위제'를 신랄하게 비판한 이유

케인스는 제1차 세계대전 이후 금본위제가 예전처럼 안정적으로 기능하기 위한 필수적인 전제가 무너졌다고 생각했다. 전쟁 전에 금본위제가 안정적으로 기능할 수 있었던 것은 영국이 경영수지 흑자로 벌어들인 금을 국내에 쌓아놓지 않고 대외 투자에 활용한 덕분이었다.

일반적으로 금본위제를 택한 나라는 자국의 통화 발행량에 걸맞은 대량의 금 비축분(통화를 금으로 교환해달라는 신청이 들어왔을 때를 대비한 금)을 보유해야 한다. 그러나 영국만은 예외였다. 국제 거래에 필요한 파운드를 외국인에게 단기로 많이 빌려준 상태라서 금융을 조금만 긴축(공정 이율 인상)해서 자금 변제를 독촉하면 금 보유량을 금세 늘릴 수 있기 때문이었다. 그래서 영국은 금을 많이 보유하고 있을 필요가 없었다. 이처럼 여유가 있었던 덕분에 금리도 그다지 높지 않았다.

그러나 제1차 세계대전 후 이러한 전제는 모두 무너졌다. 당시 세계 경제에 닥친 변화 중 가장 중요한 변화 두 가지를 살펴보자.

첫째, 영국은 미국에서 거액을 빌려 제1차 세계대전을 치른 탓에 대미 채권국에서 대미 채무국으로 변한 상태였다. 그래서 보유한 대외 채권은 줄고 경상수지 흑자를 떠받쳤던 이자 수입도 감소했다. 그럼에도 대외 투자는 여전히 높은 수준을 유지했으므로 영국은 외부에서 단기 자금을 빌려야 하는 상황이 되었다. 전쟁 전에는 단기 자금을 빌려주는 입장이어서 약간의 금융 긴축만으로도 금을 회수할 수 있었지만 단기 자금을 빌리는 입장이 되자 그런 힘은 사라졌다. ([표 3-2] 참조)

둘째, 경영수지 흑자국이 된 미국이 자국에 유입된 금을 쌓아

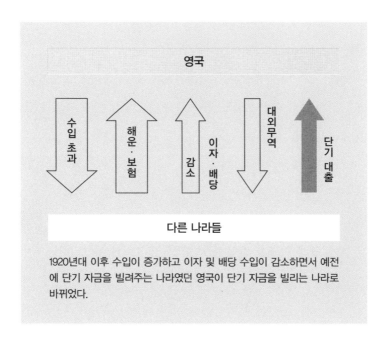

[표 3-2] 영국의 국제수지 구조(1920년대)

영국

수입 초과 / 해운·보험 / 감소 / 이자·배당 / 대외무역 / 단기 대출

다른 나라들

1920년대 이후 수입이 증가하고 이자 및 배당 수입이 감소하면서 예전에 단기 자금을 빌려주는 나라였던 영국이 단기 자금을 빌리는 나라로 바뀌었다.

두기 시작했다. 전쟁 전 영국은 경상수지 흑자분을 대외 투자로 돌려 세계의 자금 순환을 촉진했지만 미국은 달랐다. 미국은 대규모 대외 투자에 필요한 금융 노하우 – 런던 시티의 노하우 – 를 아직 습득하지 못한 상태였던 것이다.

이처럼 전쟁 전에 금본위제의 원활한 기능을 가능케 했던 전제가 전쟁 후에는 모두 무너져버렸다. 그러나 사람들은 그것을 알아채지 못한 채 대영제국의 번영에는 금본위제가 필요하다는 과거의 상식에만 얽매여 있었다. 그러자 케인스는 금본위제를 신랄하게 비판했다. '왜 땅속에서 파낸 반짝거리는 금속을 숭배해야 하느냐'고 말이다.

케인스는 '금 부족으로 고민하기보다, 금을 통화 기초로 삼는 제도(금본위제) 자체를 개선하면 되지 않느냐. 화폐를 직접 관리하여 저금리를 실현하고 산업 발전에 도움을 주면 되지 않느냐'라는 주장을 계속 이어나갔다.

이처럼 케인스가 과거 환율 기준의 금본위제 복귀라는 정부 방침에 반대했음에도 현실정치는 끄떡도 하지 않았다. 그리고 1925년, 결국 영국은 재무상 처칠[28]의 주도하에 과거 환율 기준으로 금본위제를 부활시켰다. 하지만 파운드가 너무 비쌌던 탓에 영국은 1920년대 후반까지 만성적 불황에서 벗어나지 못했다. 또 영국이 예전처럼 중심국 역할을 담당하지 못했기 때문에 국제 금융 역시 극히 불안정해졌다.

---

28 윈스턴 처칠(Winston Leonard Spencer Churchill, 1874~1965) 영국의 정치가. 1906년 이후 자유당 내각의 재무장관·식민장관·해군장관 등을 역임하였다. 보수당에 복귀해 주류파의 유화정책에 반대하며 영국·프랑스·소련과의 동맹을 주장했다. 제2차 세계대전 중에는 노동당과의 연립내각을 이끌며 전시정책을 지도했다. 이후 반소진영의 선두에 섰으며, 1946년 '철의 장막'이라는 신조어를 만들어내기도 했다.

'투자가'와 '기업가'를 명확하게
구분한 케인스의 경제관

그러면 금본위제 부활 문제에 관한 케인스의 주장을 통해 그의 경제관의 특징을 알아보자. 그는 자본의 이율을 추구하는 '투자가'와 실물 자본을 움직이는 '기업가'를 명확히 구분했으며 양자의 이해관계를 대립 관계로 이해했다.

앞에서 썼던 표현을 빌리자면 '투자가'는 남 따위 아랑곳없이 그저 순수하게 자신의 금전적 이익만을 추구하는 이윤 획득 기계 같은 존재다. 직접적으로 남에게 해를 끼치지 않더라도 사회 전체의 부를 증진시키지 않는다는 의미에서 그들의 돈벌이는 '나쁜 돈벌이'다.

한편 '기업가'는 고객을 기쁘게 해야 하고 노동자의 능력을 활용해야 한다는 윤리적 제약 속에서 이익을 추구하는 존재다. 적절한 경쟁, 양호한 노동 환경을 갖추고 기업이 수익을 추구하는 것은 의미 있는 가치창조 활동이며, 사회 전체의 부를 증진한다는 의미에서 이들의 돈벌이는 '좋은 돈벌이'다.

앞서 강조했듯 밀과 마셜은 자본이 이익 획득 기계가 되는 것을 경계했다. 그래서 '사업 경영자의 윤리화'라는 처방전을 내놓았다. 사실 출자자와 사업 경영자가 일치한다면 아무 문제가 없을 것이다. 과거 영국 사회에서는 출자자와 사업 경영자가 명확히 구분되지 않았으므로 특별히 문제 될 게 없었다. 그러나 밀과 마셜의 견해는 과거의 영국이 아니라 19세기 이후 달라진 현실을 겨냥한 것이었다.

한편 케인스는 '투자가'와 '기업가'가 명확히 나뉜 20세기적 특징을 경제학에 도입했다. 같은 돈벌이라도 '금융'과 '산업'은 질이 다르다. 그렇기 때문에 케인스는 '경제 기사도' 정신을 갖춘 인격자를 산업계 지도자로 앉힌다 해도 자본주의의 미래는 밝지 않으리라 생각했다. 더 구체적으로 말해 '투자가'의 자본은 영국 국내 소비자가 가장 필요로 하는 재화, 서비스 생산에 투입되는 것이 아니라 단순히 이율만 높은 대외 투자에 투입되므로 '기업가'를 움직이지 못한다는 것이었다.

금융(나쁜 돈벌이)이 산업(좋은 돈벌이)을 방해하는 셈이다. 그러므로 정부는 나쁜 돈벌이를 부추기는 요소를 없애야만 한다. 금본위제나 금융에 기반을 둔 경제 체질처럼 도무지 고칠 수 없을 듯한 것이라도 과감하게 도전하여 고쳐야 한다. 이것이 케인스의 기본자세였다.

과거 경제학의 윤리를 부정하다

이자로 돈을 벌기 위한 투자가들의 돈벌이는 사회 전체의 부를 증진시키지 않는다. 뿐만 아니라 전체의 부를 증진시키는 가치산업(기업가계급과 노동자계급)의 번영을 방해한다. 이것이 1920년대 발표한 케인스의 말과 글에 드러난 경제관이다. 요컨대 갖고만 있으면서 돈을 버는 이자보다 재화, 서비스를 창출하여 얻는 이윤이 더 중요하다는 것이다. 이 경제관은 이자율 결정 방식이나 저축의 의미를 이론적으로 재검토했던 《일반 이론》에도 선명하게 드러나 있다.

케인스의 《일반 이론》은 대규모 비자발적 실업(일하고 싶어도 일자리를 찾지 못하는 실업 상태)이 지속적으로 발생할 가능성에 대해 이론적으로 설명한 책이다. 그 배경에는 당연히 1920년대부터 만성적인 불황에 빠져 있던 영국의 상황과 1929년 미국에서 시작해 세계를 집어삼킨 세계 대공황이 있었다. 케인스는 이러한 현실에 맞서기 위해, 즉 '시장의 자동조정기능에 의지하기보다 적절한 제도와 정책을 제정해야 한다'고 호소하기 위해 시장의 자동조정능력을 강조해온 과거의 경제학을 이론적으로 부정했다.

케인스는 한 나라의 경제활동 규모GDP는 유효수요(실제로 얼마나 팔리느냐)로 결정된다고 말했다. 따라서 유효수요가 적다는 것은 그 나라의 생산자원이 완전히 활용되지 않고 남았다는 뜻이다.

더 풀어서 설명하면 쉽게 이해될 것이다. 판매 전망이 좋지 않으면 기업이 노동자를 적게 고용할 것이고 사람들의 소비 수요도 낮은 수준에 머물 것이다. 소비 외에 수요를 구성하는 요소는 정부 정책과 해외 무역, 그리고 건물과 기계를 신규로 구입하는 실물 투자인데, 판매 전망이 좋지 않으면 실물 투자도 줄어들게 된다. 따라서 유효수요(소비+투자)와 생산량, 고용량이 모두 낮아져야 경제가 균형을 이루게 된다. 그럴 경우, 현재 수준의 임금으로 일하고 싶어도 직장을 얻지 못하는 '비자발적 실업' 상태가 발생한다.

지금은 당연한 소리인듯 싶지만 이것은 기존 경제학의 기본인 '수급균형의 논리'에 반대되는 생각이었다. 수급균형의 논리가 타당하다면 노동 등 생산자원이 남거나 유효수요가 부족해지는 일이 없어야 한다. 시장이 알아서 작동하여 수급균형을 유지하므로 경제자원이 빠짐없이 이용되고, 최대 생산능력에 걸맞은 수요가 생겨날 것이기 때문이다.

이 수급균형의 논리, 즉 시장의 자동조정능력이란 자본시장이 제대로 기능한다는 전제하에 성립된다. 여기서 말하는 자본시장이란, 저축 공급과 투자 수요가 이자율을 매개로 균형을 이루는 지점을 말한다. ([표 3-3] 참조) 저축(빌려준 자금)이 투자(빌린 자금)보다 많으면 이자율이 하락해서 저축이 줄어들고 투자가 늘어나 결국 수요와 공급이 일치하게 된다. 자본시장이 이렇게 제대로 기능할 경우, 저축의 증감에 따라 투자도 증감하게 되므로 '소비 수요가 감소하면 실물 투자도 감소한다'는 케인스의 가설은 성립되지 않는다.

이렇게 생각해보면 이해가 쉬울 것이다. 만약 생산자원이 모

[표 3-3] 자본시장의 수급균형: 기존 경제학의 사고방식

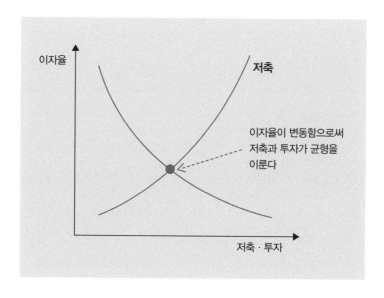

금융이 자본주의를 왜곡한다

조리 활용되고 생산자원을 제공한 사람 모두가 소득을 얻는다고 하자(완전 고용 상태). 이 소득은 소비 또는 저축에 쓰인다(정부와 국외는 제외). 사람들이 소득의 90퍼센트를 소비한다고 하면 나머지 10퍼센트를 저축에 쓸 것이다. 만약 자본시장이 제대로 기능한다면 그 10퍼센트만큼의 저축은 적절한 이자율에 맞춰 투자하게 될 것이다(자본시장의 수급균형).

그런데 소비가 80퍼센트로 줄고 저축이 20퍼센트로 늘어난다고 하자(저축 공급 곡선이 오른쪽으로 이동함). 그러면 저축 공급이 투자 수요보다 많아져 이자율이 하락하므로 새로운 균형점이 생겨난다. 저축은 늘었어도 늘어난 만큼 자금을 빌려 투자하고 싶은 사람에게로 이동하여 기계나 공장 부지 등 수요를 일으킨다. 이럴 경우 소비 수요가 줄어든 만큼 투자 수요가 늘어나므로 그 합계는 자원을 소진한 생산 가치의 총액과 언제나 일치한다. 따라서 케인스가 상정한 '유효수요 부족' 현상은 영원히 일어나지 않는 것이 정상이다.

그러나 케인스는 위에서 말한 기존의 경제학 논리를 부정했다. 이자율이 기간 내 유량flow인 저축과 투자의 균형이 아니라 저량stock[29]인 채권과 화폐의 비율에 따라 정해진다고 보았기 때문이다. 자산 보유자는 어떤 형태로 자산을 보유할지 선택한다. 채권 가격이 오를 것 같으면(이자율이 내릴 것 같으면) 채권을 많이 보유하고, 채권 가격이 내릴 것 같으면(이자율이 오를 것 같으면) 화폐(언제든 다른 자산으로 바꿀 수 있는 유동자산)를 많이 보유한다. 이처럼 자산 보유자들이 미래를 어떻게 전망하느냐에 따라 채권 가격(이자율)이 결정되는 것이다. 케인스는 이자율이 이런 방식으로 결정되는 것을 '유동성 선호 이론'이라고 지칭했다.

유동성 선호 이론과 불확실성

유동성 선호 이론의 배경에는 불확실성에 관한 케인스의 독특한 사고방식이 있다. 케인스는 모든 경제 주체가 앞으로 무슨 일이 일어날지 모르는 세상에서 다양한 의사결정을 해야 하는 상황에 놓일 수 있다고 생각했다. '앞으로의 일은 모른다'라는 말은 앞으로 어떤 일이 일어날지 확률적으로 예측할 수 있다는 뜻이 아니라 확률조차 알 수 없다는 뜻이다. 이처럼 모두가 앞으로 일어날 일을 짐작조차 하지 못한 채 채권을 매매하므로, 채권

---

29 저량과 유량은 경제 현상 분석에 쓰이는 중요한 개념이다. 저량은 비축, 존재량을 말하며 특정 시점을 기준으로 파악된 재화 전체 양을 가리킨다. 유량은 일정 기간 경제조직 속에서 포착된 재화의 흐름 양을 의미한다. 예컨대 국민소득은 일정 기간(보통 1년)의 재화와 용역의 순생산물의 흐름을 포착한 것이므로 유량이다. 이에 반해 국부(國富)는 국민소득을 낳는 원천이자 한 국가의 경제재 존재량이므로 저량이다.

가치가 오른다고 생각하는 사람이 많으면 실제로 오르고, 내린다고 생각하는 사람이 많으면 실제로 내린다. 즉 채권 가치가 사람들의 생각에 좌우되는 것이다. 바꿔 말해, 그 시점에 사람들의 관행적 사고방식이 채권 가격을 결정한다.

만약 현실이 불확실성의 세계가 아니라면 이자율이 이런 식으로 결정되진 않을 것이다. 앞으로 일어날 일을 어느 정도 예측할 수 있다면, 적어도 불의의 사태가 일어날 확률을 알 수 있다면 그 예측에 기초하여 채권을 살지 말지 결정하면 되기 때문이다. 그럴 경우 사람들의 관행 따위는 중요하지 않다.

케인스는 이처럼 채권을 사고파는 사람들의 행동이 채권 가격, 즉 채권 이율을 결정한다고 생각했다. 그런데 이렇게 생각하다 보면 이자의 의미, 저축의 의미가 기존의 경제학과는 완전히 달라진다.

기존의 경제학은 자본시장(저축과 투자의 균형)이 이자율을 결정한다고 믿었다. 그런 상황에서는 저축이 미덕이다. 저축을 하면 소비자의 이익을 낳는 사업에 투자금이 공급되기 때문이다. 저축이 전체의 이익을 낳는 것이다. 따라서 이자는 저축해서 전체의 이익을 창출해준 데 대한(소비를 참아 준 데 대한) 보상이라 할 수 있고, 이렇게 이자로 돈을 버는 것은 모두의 부유함을 촉진하는 '좋은 돈벌이'다.

그러나 유동성 선호 이론에서는 사람들이 자산을 매매하는 행위가 전체의 이익으로 이어지지 않는다. 실업가에게 자금을 융통하는 은행의 경우, 고객을 만족시킬 만한 유망한 사업체에만 자금을 공급할 테니 그나마 전체의 이익 창출에 도움을 줄 수 있다. 그러나 자산가가 단순히 자신의 자산을 어떤 형태로 보유할지를 선택하는 매매 행위에는 타인을 만족시킬 수 있는 요소가 전혀 없다. 관행적 예상 하에 현재 상황이 유지될지 아닐지를 판단하는 것에 불과하다. 채권 가격이 유지된다고 생각하는 사람이 많으면 채권 가격이 안정된다. 채권 가격이 하락한다고 생각하는 사람이 많으면 채권 가격이 하락한다. 소비자와는 전혀 무관한 이런 집단적 자작극 같은 세계가 이자율, 실물 투자 수준, 그리고 GDP를 결정하는 것이다. 이런 세계에서는 이자를 버는 행위도 저축하는 행위도 전체의 부를 증진시키지 못한다.

이자율이 올라가 저축이 늘어나면 부를 창조하는 산업활동은 오히려 정상적으로 기능하지 못하게 된다. 그래서 케인스가 정부의 역할을 강조한 것이다. 케인스는 정부가 이자율을 낮추고 공적 지출을 통해 유효수요를 높은 수준으로 유지함으로써 민간 기업의 산업 투자를 활성화시켜야 한다고 주장했다. ([표 3-4] 참조)

[표 3-4] 케인스의 '산업'과 '금융'

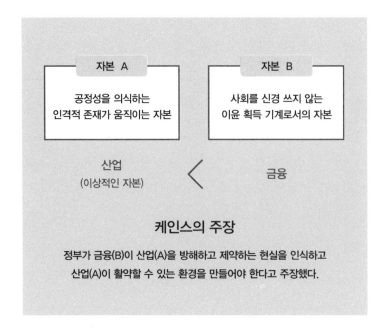

자본 A

공정성을 의식하는
인격적 존재가 움직이는 자본

자본 B

사회를 신경 쓰지 않는
이윤 획득 기계로서의 자본

산업
(이상적인 자본)

〈

금융

케인스의 주장

정부가 금융(B)이 산업(A)을 방해하고 제약하는 현실을 인식하고
산업(A)이 활약할 수 있는 환경을 만들어야 한다고 주장했다.

'금융'이 '산업'을 점령한 투기 자본주의

금융(나쁜 돈벌이)이 산업(좋은 돈벌이)을 저해한다는 케인스
의 경제관은 그가 주식시장에 대해 밝힌 견해에도 잘 드러나 있
다. 주가에는 그 기업의 수익에 대한 장래 평가가 반영되므로 유
망한 사업을 경영하다 보면 주가가 높아진다. 그리고 그렇게 높

아진 주가는 유망한 사업을 경영하려 하는 기업을 돕는다. 이처럼 건전한 주식시장은 성장해야 할 기업을 돕고 전체의 부를 증진시키는 역할을 한다. 이것이 주식시장의 바람직한 모습이다. 주식시장의 이런 돈벌이는 '좋은 돈벌이'라 할 수 있다. 그러나 케인스는 주식시장이 실제로는 다르게 기능할 가능성이 크다고 지적했다.

앞에서도 이미 제시했다시피, 케인스는 자산 보유자와 실물 자본을 움직이는 사람이 따로 존재한다고 생각했다. 주식회사는 말하자면 회사의 소유자인 주주와 회사를 실제로 경영하는 사업 경영자가 분리되어 있다. 이것은 '소유와 경영이 분리'된 현대 주식회사의 특징이기도 하다. 현대의 주주는 대개 경영에 직접 관여하지 않고 전문 경영인에게 경영을 맡긴다.

이처럼 주주가 회사 경영으로부터 멀어지면 회사 경영 실태에 관한 정보를 충분히 얻기 어렵다. 주식을 매매할 때도 회사에 대해 충분히 알지 못한 채 의사결정을 해야 한다. 그러므로 기업이 장기적으로 높은 수익을 올릴 능력을 갖추었느냐 하는 관점이 아니라(주식 거래자는 그것을 알 수 없으므로) 다른 주식 거래자들이 주식을 고액에 살 것인가 말 것인가 하는 관점에서 매매 여부를 판단하게 된다. 이들은 인기를 끌 듯한 주식을 값이 오르기 전에 남보다 먼저 사려고 한다.

케인스는 주식 거래자가 서로의 생각을 어떻게 읽느냐에 따라 주식시장의 기업 가치평가가 달라진다는 사실을 '미인 투표 게임'에 비유하여 설명하였다. 미인 투표 게임이란 100장의 사진 중 가장 아름다운 사람의 사진 6장을 고르게 한 다음, 모든 참가자의 평균적인 기호에 가장 가까운 선택을 한 참가자에게 상을 주는 게임이다. 참가자가 고른 6명이 전체 득표자 6명과 일치하면 상을 받게 되는 것이다.

참가자가 상을 받고 싶다면 자신이 아름답다고 생각하는 사람이 아니라 다른 사람들이 미인으로 생각할 만한 사람을 골라야 한다. 그러나 다른 사람이 어떤 사람을 아름답다고 생각할지는 알 수 없다. 그러므로 참가자들은 이 게임에서 이기기 위해 일반적인 미의 기준을 알아내는 것이 아니라(자신의 취향대로 투표하지 않을 건 모두 마찬가지이므로) '다른 참가자들의 표가 어디로 모일지 예측'하는 것이 중요하다.

그런데 예를 들어 그중 영향력이 강한 참가자가 있고, 그가 누구를 골랐는지가 알려진다면 어떨까? 사람들이 그의 영향력을 인정한다면 그가 고른 6명에게 표가 모일 것이다. 만약 영향력이 강한 사람이 3명이고 그 3명이 제각기 다른 선택을 했다면 어느 쪽에 줄을 서야 할지 몰라 사람들은 우왕좌왕할지도 모른다.

요컨대 사람들의 진짜 의견과 관계없이 경쟁이 진행될 거라는 것이다. 다수파에 들어가면 게임에 이길 수 있겠지만, 그 다수파의 결정에도 실체적 근거는 없다. 주식 거래자들이 주식회사의 진짜 가치(실물 자본의 장기적 수익성)를 모를 경우, 주식시장은 앞서 소개한 미인 투표 게임과 유사해진다.

우왕좌왕하는 사람들의 생각을 예측하게 하는 이런 주식 매매 방식은 너무나 비전문적이다. 그런 비전문가들이 근거 없는 도박으로 손해를 보는 동안 금융 전문가들이 기업의 실제 가치를 간파하여 이득을 볼 것이라고 생각하는 사람도 많다. 그러나 케인스는 그렇지 않다고 말한다. 금융 전문가가 비전문가보다 나은 점은 실제 가치를 간파하는 능력이 아니다. 그들은 그저 우왕좌왕하는 사람들의 생각을 앞질러 파악하는, 혹은 그것을 앞질러 만들어내는 능력이 뛰어날 뿐이다. 또 케인스는 이 게임에서는 비전문가가 전문가의 이익을 위해 손해를 볼 필요가 없다고 말한다. 자산을 운용하는 데 돈을 쓰는 사람이 있는 이상, 나중에는 자산을 운용하는 전문가끼리 모여서 이기든 지든 상관없는 싸움을 계속하면 되는 것이다.

이처럼 주식시장이 '미인 투표 게임'의 장이 되면 어떤 일이 벌어질까? 케인스는 그럴 경우 사업 경영의 근간이 변질될 위험이 크다고 경고한다. 그 이유는 이렇다. 일반적으로 어디에 생산 자원을 투자할 것인지 결정하는 주체는 산업 지식을 갖춘 사업 경영자다. 사업 경영자는 10년 뒤, 20년 뒤 자신의 회사가 꾸준히 수익을 낼 수 있도록 신중하게 고려하여 투자처를 결정하기 때문이다. 그러나 사업 경영자가 주가를 신경 쓴다면 어떤 일이 벌어질까? 예를 들어, 주가를 올리지 않으면 경영자를 교체하겠다고 주주들이 압박하는 상황이라면 어떨까? 혹은 케인스가 살았던 시대에는 없던 일이지만 주가를 올려서 상여금을 스톡옵션[30]으로 듬뿍 받을 수 있다면 어떻게 될까?

주가를 신경 쓰는 경영자는 '미인 투표 게임'의 장이 된 주식 시장에 주가가 상승할 것이라는 정보를 흘리려 할 것이다. 강제 구조조정을 시행해서 예상보다 더 큰 수익을 기록한 결산 자료를 발표하는 등의 일도 서슴지 않을 것이다. 그런 경영자가 노리는 것은 10년, 20년 후의 수익성이 아니다. 그들은 오히려 미래를 희생해서라도 일시적인 주가 상승을 연출하려 할 것이다. 다시 말해 생산자원을 어디에 투자할지 판단해야 할 때 사업 경영자는 실무에 관한 신중한 지식과 장기적인 미래 가치를 기준으로 삼지 않는다. 그래서 결국은 자본을 책임지고 운용할 만한 지식을 갖춘 실업가가 아니라, 아무 지식도 없는 주식 거래자들의 비위를 맞추는 것이 경영상 가장 중대한 일이 되고 만다.

---

30 기업에서 회사 임직원에게 자사의 주식을 낮은 가격에 매입하였다가 나중에 팔 수 있도록 하는 제도를 말한다.

이처럼 자본주의의 가장 중요한 판단 중에서 올바른 지식 기반이 사라진 변화가 자본주의 경제 자체를 근간부터 뒤흔들고 있다고 해도 과언이 아니다. 케인스는《일반 이론》중 가장 재기 넘치는 제12장에서 이렇게 경고한다. "주식 거래자들의 '투기'가 사업 경영자들의 '실업'을 지배하는 세상에서 자본주의가 잘 될 턱이 없다."

케인스의 불확실성 이론과 현대 경제학

케인스 경제학의 배후에는 사람들이 앞으로 일어날 일의 확률조차 모르는 불확실성 속에서 행동하고 판단한다고 생각하는 독특한 경제관이 있다. 그리고 유동성 선호 이론과 주식시장의 '미인 투표 게임' 비유가 그 경제관을 설명한다. 이것이 시장에 자동조정기능이 있다는 경제관을 무너뜨리기 위한 이론의 핵심이자 '금융'에 주도권을 넘기면 안 된다는 큰 방침을 도출한 근거였다.

그러나 이 불확실성에 관한 견해는 이론화, 정식화하기 어려운 측면이 있어서 이후 경제학자들에게까지 계승되지는 않았다. 이야기가 약간 옆길로 빠지는 듯하지만, 케인스 이후의 학계를

살펴봄으로써 경제학의 흥미로운 역사적 발자취를 더듬어보고
자 했다.

'케인스주의자'로 불리는 사람들이 제2차 세계대전 후에 케
인스의 사상을 계승했다. 경제학 교본으로 불리며 한 시대를 풍
미한《경제학》(Economics, 1948)의 저자인 미국의 경제학자 폴 새
뮤얼슨[31]이 그 대표 주자다. 그를 비롯한 케인스주의자들은 재정
금융정책으로 거시경제를 통제해야 한다고 주장했는데, 그들의
이런 생각은 실제로 정책 입안에도 활용되었다.

그러나 케인스주의자들은 케인스의 급진적인 불확실성 이
론은 채용하지 않았다. 그들은 '확률로 아는 불확정성(미래는 불
확실하지만 확률적으로 예측할 수 있다)', '합리적 경제인(경제 주체
는 합리적이다)', '수급균형이론(수요와 공급은 자본시장에서 저절
로 균형을 이룬다)'에 기초한 종래의 경제학 틀 안에 머물렀다. 그
러면서도 시장의 적절한 기능이 충분히 작용하지 못하므로 그대
로 내버려 두면 실업 문제가 발생한다고 주장했다. 즉 케인스주
의자들은 케인스의 근본적인 경제관은 계승하지 않고 재정금융
정책으로 거시경제를 통제해야 한다는 방법론만 계승한 것이다.
나쁘게 말해서 '속된 케인스주의'라 할 수 있다.

31　폴 새뮤얼슨(Paul Anthony Samuelson, 1915~2009) 미국의 경제학자. '현대 경제학의 아버
　　지'로 평가받고 있으며, 1970년에 노벨 경제학상을 받았다.

케인스주의자들은 1970년대 이후 거시경제 통제에 실패하여 정책 제안자로서의 신용을 잃게 된다. 그러다 보니 그들의 이론적 기초 또한 문제가 되었다. 당시 그들을 가장 철저하게 비판한 사람이 로버트 루카스[32]였다. 그는 확률로 아는 불확정성, 합리적 경제인, 수급균형이론이라는 전제가 성립한다면 '비자발적 실업' 따위는 발생할 수 없다고 주장했다(루카스는 '확률로 아는 불확정성'을 '합리적 기대 형성'이라고 표현했는데, 그 둘은 같은 의미다). 요컨대 루카스는 케인스주의자들의 사고방식을 전면 부정했다.

루카스의 주장은 하나의 이론적 전제를 골똘히 생각하여 얻은 사고 실험의 결론이다. 그래서 그의 주장만 듣고 '케인스의 정책은 전부 실패했다'라고 판단하는 것은 섣부른 짓이다. 루카스의 주장은 오히려 - 루카스 자신의 의도와는 다를지도 모르지만 - 경제학이 현실에 맞닥뜨렸을 때 무엇을 고쳐 나가야 하는지를 이야기하고 있다. 그리고 실제로 현실의 경제학 또한 '합리적 경제인'이라는 전제를 재검토하는 방향(행동 경제학)과 '수급균형이론'을 재검토하는 방향(정보의 비대칭성에 관한 경제학)으로 나뉘게 되었다.

---

32 로버트 루카스(Robert Emerson Lucas Jr., 1937~) 미국의 경제학자. 합리적 기대 개념을 거시경제학에 적용시켜 신고전파 거시경제학의 길을 열었다. '루카스의 비판'을 통해 전통적 계량 경제학 모델을 공격하였고, 내생적 성장이론 수립에 기여했다. 이런 공로를 인정받아 1995년에 노벨 경제학상을 받았다.

케인스의 경제학은 기묘한 부침을 경험해왔다고 할 수 있다. 처음에는 케인스의 본질적인 가치관은 계승하지 않은 채 과거의 경제학적 사고만을 유지했던 '속된 케인스주의'가 그의 뒤를 이었다. 그 결과 속되기는 했지만 1960년대까지는 그들의 정책이 성공을 거두었다. 그러나 1960년대 들어 그들의 정책이 효과를 거두지 못하자 그들의 이론적 기초가 문제가 되었다. 즉, 그들이 계속 유지했던 과거 경제학의 사고법이 타당하다면 그런 결과가 나올 리가 없다는 비판을 받은 것이다. 결과적으로, 이것은 '속된' 부분, 즉 과거 경제학의 전제를 재검토하는 계기가 되었다. 그래서 '합리적 경제인'과 '수급균형이론'이 재검토되었으며 행동 경제학과 정보 경제학이라는 새로운 경제학이 탄생하기에 이르렀다.

그것들이 현재의 경제학이다. 이제는 시장이 저절로 완전한 조화를 이루리라고 믿는 경제학자는 없다. 요즘 그런 주장을 하는 사람은 현실을 직시할 필요가 없는 순수 이론가거나 자유주의 선동가일 것이다. 모든 경제학자가 시장을 적절히 기능시키기 위해서는 다양한 제도, 정책과 관행이 필요하다는 것을 인정한다. 인간이 언제나 합리적으로만 행동하지 않는다는 사실도 이제는 많은 경제학자가 인정하는 바이다. 종래의 경제학을 부정한 케인스의 가치관은, 그의 불확실성 이론을 직접적으로 언급하지 않더라도 현대의 경제학 속에 다른 형태로 살아 숨 쉬고 있다.

케인스 경제학이 밟아온 이러한 역사는 우리에게 한 가지 교훈을 전해준다. '표면적인 부침에 현혹되지 말라'는 것이다. 한 세기를 풍미하며 케인스주의자와 통화주의자[33] 사이에 이어졌던 논쟁도 사실은 케인스의 본질을 도외시한 헛소동에 불과했음을 지금까지의 역사를 통해 알 수 있다. 경제학을 사상으로 받아들이고 그 역사적 전개를 파악하고자 한다면 경제학의 학설, 즉 사상적 핵심을 먼저 이해해야 한다.

'케인스 정책'의 진정한 의미

그럼 본론으로 돌아가 케인스 경제학의 사상사적 평가를 소개하며 이번 장을 마무리하려 한다.

밀, 마셜은 적합한 사람이 기업을 경영한다는 전제하에 자본주의 경제를 긍정했다. 그것은 케인스도 인정하는 점이다. 케인스 역시 고객을 소중히 여기고 재화와 서비스를 제공하려고 노

---

33 monetarist. 케인스의 경제학을 거세게 비판하며 경제정책 중 통화정책을 최우선으로 한 경제학자들. 대표적인 학자로 밀턴 프리드먼이 있다.

력하는 사람, 또 노동자를 공정하게 대우하고 활기찬 기업 조직을 만들려고 하는 산업 지도자가 경제의 주역이 되어야 한다고 생각했다.

그러나 케인스는 적합한 인물에게 회사 경영을 맡긴다고 해서 모든 문제가 해결되는 건 아니라고 주장했다. 바로 '금융'의 영향력 때문이다. 자산 소유자들의 돈벌이가 사회 전체의 부를 증진시키진 않는다. 그들이 벌어들이는 이익은 사회 전체의 부와는 전혀 무관하다. 그뿐만 아니라 그들의 활동은 '산업'의 가치창조를 방해하기까지 한다. 그들의 돈벌이는 그야말로 스미스의 조건을 갖추지 못한 '나쁜 돈벌이'다.

스미스가 제시한 자본주의의 도덕적 조건을 다시 한번 떠올려 보자.

① 자유경쟁 시장은 공정한 규칙을 따르는 경쟁의 장일 것. 특히 자본을 움직이는 사람이 공정성을 의식하는 사람일 것.

② 자산을 사업에 활용하지 않고 임대하여 이익(이자 및 지대)을 얻으려 할 경우, 그 행동이 자산을 건전한 용도로 쓰는 데 도움이 되고 사회 전체의 부를 촉진할 것.

③ 강자가 약자를 지배하지 않고 상호이익 관계를 맺으며 약자 측의 능력도 활용할 것.

케인스는 여기서 ②를 문제 삼았다. 저축은 사회 전체의 부를 증진시키는 산업 투자를 늘리는 데 도움이 되지 않는다. '저축 → 투자' 경로가 끊어지는 데다 시대의 기술적, 심리적 요인으로 정해진 투자 규모에 비해 지나치게 높아진 저축 성향이 유효수요를 줄이고 투자를 방해하기 때문이다. 그렇게 되면 저축은 사회 전체의 부의 증진을 가로막는 '나쁜 돈벌이'가 되는 것이다. 또 저축자의 이익, 즉 이자는 단순히 자산 보유자의 유동성 선호에 따라 늘어나거나 줄어들 뿐이므로 남을 기쁘게 해서 얻는 보상이라 할 수 없다. 게다가 산업 지식이 전혀 없는 투자자들이 주식으로 이득을 보려고 '미인 투표 게임'을 계속한다면 산업에 대한 올바른 투자가 이루어지지 않을 것이다.

따라서 케인스는 자본주의 경제를 왜곡시키는 '금융(소유자의 이익 추구)'의 힘을 억제시키고 자유경쟁 시장에서 '산업(가치 창출 활동을 통한 이익 추구)'이 그 잠재력을 완전히 발휘하도록 해야 한다고 주장했다. 단적으로 말하자면 '나쁜 돈벌이'를 못하게 하고 '좋은 돈벌이'에 적합한 환경으로 정비하자는 것이다. 그러려면 정부가 화폐를 직접 관리하여 이자율을 내려야 한다. 또한 외부의 빚 압박 때문에 국내 산업을 희생시키지 않도록 국제적인 제도를 수립해야 한다. 저축 초과에 따른 수요 부족에 거시적으로 대처할 다양한 정책 또한 필요하다. 케인스는 이처럼

'금융'이 만들어낸 제약을 없애고 '산업'이 활약할 만한 환경을 만들어야 한다고 주장했다. 그러한 목적을 위해 정부가 적극적으로 자신의 역할을 해내는 것, 그것이 '케인스 정책'의 진정한 핵심이다. 케인스 정책을 '불황이 발생했을 때 재정적자로 공공사업을 벌이는 정책' 정도로 이해했다면 그것은 너무 얄팍한 생각이다.

진정한 케인스 정책을 펼쳐 '산업'이 활약할 만한 환경을 정비하면 공정한 정신을 갖춘 견실한 기업이 성장할 것이고(조건 ①을 충족함), 약자와 개발도상국이 성장하여 활약하게 될 것이다(조건 ③을 충족함).

이번 장 첫머리에서 강조했듯이 케인스의 경제학은 스미스의 자유방임주의를 반박한 이론이 아니라 자신이 처한 시대의 현실, 즉 소유자의 돈벌이가 사회 전체의 부의 증진으로 이어지지 않는 현실에 맞서 스미스가 제시한 자본주의의 도덕적 조건을 충족시키기 위한 방법론이다.

밀, 마셜, 케인스 모두 공정한 경쟁이나 사회 전체의 부의 증진과는 무관한 이기적인 돈벌이를 경계했다. 그리고 자본주의가 그런 방향으로 움직이는 것을 필사적으로 막으려 했다. 다음 장에서 소개할 마르크스 역시 스미스를 기준 삼아 자본주의 경제의 반사회성, 비도덕성을 비판했다는 점에서 밀, 마셜, 케인스와 일맥상통하는 점이 있다. 마르크스가 케인스보다 먼저 활동한 경제학자였는데도 – 마르크스가 사망한 1883년에 케인스가 태어났다 – 마르크스를 케인스보다 나중에 소개하는 이유는 자본주의를 극복하기 위한 마르크스의 방책 속에 현대인이 스미스의 조건을 다시 정비하는 데 무엇이 필요한지 암시하는 단서가 있기 때문이다.

제4장

'사유(私有)'를
다시 묻다

카를 마르크스
Karl Marx

마르크스는 살아 있다

카를 마르크스Karl Marx는 일반적으로 자본주의를 부정하고 사회주의를 추진한 경제학자로 불린다. 그런데 사회주의국가인 소비에트 연합이 실패했다는 이유로 사회주의 경제체제도 역사적으로 실패했다는 평가를 받고 있다. 따라서 마르크스 역시 시대에 뒤처진 경제학자라고 오해받기 쉽다.

그러나 마르크스의 자본주의 비판은 매우 심오하여, 자본주의를 극복할 방책을 생각하는 사람들에게 많은 시사점을 준다. 마르크스 경제학은 스미스가 제시한 '자본주의의 도덕적 조건'을 회복시키려는 하나의 시도로써 평가할 수 있으며, 이 책에서는 마르크스와 밀, 마셜, 케인스와의 공통점을 찾아보고자 한다. 그리고 더 나아가 소유에 관한 마르크스의 고찰을 통해 현대 기업의 바람직한 모습을 그려보려 한다.

그러면 이제부터 마르크스를 이해하기 위해 그의 모든 사고의 기저에 존재했던 '사유'의 문제에 초점을 맞춰 그의 사상적 이력을 더듬어보도록 하겠다.

카를 마르크스의 생애

　카를 마르크스는 1818년에 프로이센[34]의 라인 지방(프랑스와 벨기에의 국경 부근)에 있는 트리어 마을에서 태어났다. 트리어는 나폴레옹이 퇴각하기 전까지 프랑스의 통치 아래 있었으므로 마을 사람들 사이에 프랑스혁명의 자유주의적 사상이 널리 보급되어 있었다. 트리어시의 법률 고문을 담당하는 변호사였던 마르크스의 아버지도 자유주의적 사상을 가진 사람이었다. 당시 자유주의란 '프로이센의 권위적 지배를 배척하고 국민의 자유와 평등한 권리를 지켜야 한다'는 사고방식이었다. 마르크스는 아버지와 트리어 지역의 분위기 덕분에 어려서부터 자유주의적 사고방식에 익숙했다.

　마르크스는 1835년에 본 대학에 입학했다가 베를린 대학으로 학적을 옮겼는데, 처음에는 법률을 배울 생각이었지만 관심사가 바뀌어 철학과 역사를 공부하고, 1841년에 빈 대학에서 박사학위를 취득했다. 그러나 사회 변혁을 주장하는 '헤겔 좌파'에 속해 있었던 탓에 대학 교단에는 설 수 없었다. 그래서 1842년부터는 쾰른에서 〈라인 신문〉(Die Rheinische Zeitung) 편집자로 활

34　유럽 동북부와 중부에 있던 지방 및 그 지방에 있었던 나라. 프러시아라고도 한다.

동하면서 사회의 다양한 문제들을 접했다. 그중에서도 그의 사상에 중대한 역할을 미친 것이 목재 도벌(盜伐) 문제였다.

이전에 숲은 관습에 따라 동네 주민들이 오가며 장작을 마련할 수 있는 입회지[35]였다. 그런데 근대에 들어서 사유재산권 사고방식이 널리 퍼지자 숲의 토지를 소유한 사람이 '여기는 사유지니 마음대로 들어오거나 나무를 베어가는 것은 도둑질이다'라고 주장하게 되었다. 그리고 라인주 의회는 토지 소유자들의 주장에 귀를 기울여 목재 도벌 단속법을 제정하려 했다.

당시 〈라인 신문〉 편집자였던 마르크스는 이 문제를 어떻게 봐야 할지 고민이었다. 사유재산권은 자유주의 사상에서 매우 중요한 의미를 지닌 권리다. 자유주의는 특별한 지위에 있는 자들의 지배권이 아니라 일반인의 자유와 권리를 지켜야 한다는 사고방식이었기 때문이다. 게다가 마르크스는 프랑스혁명 정신을 실현하는, 그 이념이 바른 것이라고 믿는 분위기 속에서 나고 자랐다. 그런데 자유주의가 주장하는 중요한 권리인 사유재산권이 관습적 권리를 빼앗고 사람들을 괴롭히고 있는 상황이었던 것이다. 이런 상황에서 과연 어떻게 대처하는 것이 옳을까?

특히 프랑스에서 기세를 떨쳤던 과격파 사회주의자들은 '사

---

35 한 지역의 주민이 공동으로 이익을 얻을 수 있는 산야나 어장 따위를 일컫는다.

카를 마르크스
Karl Marx
(1818~1883)

유재산권이란 많은 사람을 위한 권리가 아니라 일부 가진 자들을 위한 권리이므로 그것을 폐지하고 우애의 공동체를 건설해야 한다'고 주장하고 있었다. 그 주장이 정말 옳은 것일까? 마르크스는 확신할 수 없었다.

그런 문제들을 논하다 보니 〈라인 신문〉의 논조는 점차 사회주의 쪽으로 기울어지는 듯했다. 그러자 사회주의가 위험한 사상이라는 이유로 프로이센 당국은 1843년 〈라인 신문〉 발간을 금지하기에 이르렀다. 이에 마르크스는 편집자직을 사직하고 공부를 더 하기 위해 파리로 떠났다. 그리고 1844년 〈독불연보〉(Deutsch-Französiche Jahrbücher)라는 잡지를 출간하지만, 그 역시 프로이센 당국이 발간을 금지시켰고, 마르크스에게 체포영장까지 발부했다.

사유재산권을 넘어서 새로운 경제체제로

〈독불연보〉를 만들 당시 마르크스는 거기에 게재된 엥겔스의 논문을 읽고 자신이 경제학 지식이 부족하다고 느껴 맹렬히 경제학 공부를 하기 시작했다. 사유재산권을 옹호하는 기존 경제학에서 사유재산권의 적극적인 가치를 배우고자 했던 것이다.

마르크스는 특히 애덤 스미스로부터 많은 것을 배웠다. 스미스가 옹호했던 사유재산권은 자신의 노동 성과를 자기 것으로 만들고, 자신의 노동을 확장하는 기반으로 활용할 수 있는 권리다. 그 사유재산권은 예술가의 작품이나 목수의 끌, 대패와 같이 자기 활동에 있어 분신이나 다름 아니다. 따라서 사유재산권에 대해 권리 보장을 주장하는 것은 당연한 일이다. 마르크스는 그 부분에서 사유재산권의 긍정적 측면을 보았다.

그러나 사유재산을 늘릴 자유가 있는 세상에서는 '고용하는 자'와 '고용 당하는 자'가 나뉘기 마련이다. 그런 세상에서는 사유재산이 자기 노동의 성과도, 자기 활동의 기반도 아니게 된다. 사유재산이 심혈을 기울여 작품을 완성한 작가의 기쁨이나 작품을 누리는 사람의 기쁨과는 전혀 무관한, 그저 돈으로 표시된 가치에 지나지 않았던 것이다. 마르크스는 이 점에서 사유재산권의 부정적 측면을 보았다.

마르크스는 이 부정적 측면을 직시해야만 현실을 이해할 수 있으리라 생각했다. 기존의 경제학은 돈으로 드러나는 가치를 불리는 행위를 긍정해왔다. 그래서 마르크스는 기존 경제학의 사고 틀에서 벗어나, 사유재산권의 긍정적인 면보다 부정적인 면이 많아진 이유를 알아내려 애썼다. 그가 경제학을 연구하고 경제학에 매달렸던 데에는 그런 큰 방향성이 있었다. 당시의 생각을 기록한《경제학, 철학 초고》(*Economic and Philosophic Manuscripts of 1844*, 1932)에도 그 점이 잘 드러나 있다.

마르크스는 경제가 지향해야 할 이상으로 사유재산권을 뛰어넘은 '공산주의'를 제시했다. 그리고 그것을 어떻게 실현할지 고민하는 과정에서 '유물사관'이라는 독자적 역사관을 만들어냈다.

'유물사관'이란 대략 이런 사고방식이다. 생산된 물자에 가치를 부여하고 그것을 교환하여 누군가의 소유물로 만드는 일련의 과정을 '생산 관계'라 부른다. 이 생산 관계는 물자가 무엇으로 생산되었느냐는 생산제력(諸力)에 따라 다른 양상을 띤다. 예를 들어, 생산된 물자 대부분이 토지의 산물일 때는 토지의 지배권자에게 부가 집중되는 구조인 '봉건제'가 성립된다. 즉 생산의 기술적 조건(생산제력)에 합치하는 교환과 분배 구조(생산 관계)가 성립되는 것이다.

생산제력과 생산 관계가 합치할 경우 생산 관계는 그대로 유지된다. 그러나 생산 양상은 시대에 따라 변화한다. 생산 양상이 달라져 기존의 생산 관계와 합치하지 않으면 생산 관계도 새롭게 변한다. 예를 들어, 시민 상공업이 많은 부를 창출하게 되면 토지가 대부분의 부를 창출했던 시대의 틀인 봉건제와 생산 관계가 어긋난다. 그래서 시민혁명이 일어나고 자유경쟁과 사유재산권을 기본으로 하는 '근대 시민사회'가 성립되는 것이다. 이처럼 생산제력 관점에서 역사의 큰 흐름을 설명한 것이 마르크스의 '유물사관'이다.

마르크스는 유물사관에 기초하여 장래의 체제 변화를 예측했다. 지금은 근대 시민사회의 연장선상에 있는 자본주의 경제(마르크스의 말에 의하면 '자본제 생산') 시대다. 자본주의 경제는 생산능력을 어마어마하게 늘렸지만 그 과도함 때문에 수급 균형이 무너져서 반드시 공황이 일어날 것이다. 시간이 지날수록 기술이 고도화되고 자본이 대규모화되므로 공황이 반복될 때마다 그 피해는 커진다. 그래서 결국 공황을 극복하지 못하고 사유재산권을 기반으로 하는 자본주의 체제는 무너질 것이다. 이것이 자본주의 경제를 분석하면 필연적으로 당도하는 귀결이라고 마르크스는 주장한다. 1848년, 공산주의자 동맹의 강령으로 사용된 《공산당 선언》(Manifest der Kommunistischen Partei, 1848)은 그야말로 이런 역사관을 제시함으로써 체제 변혁, 즉 혁명을 촉구한 글이다.

1848년은 프랑스에서 2월혁명이 일어나고 그 영향으로 독일 각지에서 3월혁명이 일어난 해이기도 하다. 마르크스는 '봉건제 → 근대 시민사회(자본주의) → 공산주의' 순서로 역사가 발전한다고 믿었으므로 시민혁명(근대 시민사회의 확립)의 발발을 예상

'사유(私有)'를 다시 묻다

하고 있었다. 그런 의미에서 그에게 3월혁명은 역사의 정상적인 발전 과정이었다.

그는 같은 해 4월, 쾰른으로 돌아가 〈신 라인 신문〉(Die Neue Rheinische Zeitung)을 발행했다. 그러나 얼마 후 프로이센 왕국 세력이 부활하여 혁명을 좌절시켰을 뿐만 아니라, 신문을 폐간시켰고, 마르크스를 국외로 추방시켰다. 그래서 마르크스는 독일, 프랑스 각지를 도망쳐다니다 마지막으로 런던에서 생활하게 된다.

변질된 사유재산의 의미

1849년부터 런던에서 거주하기 시작한 마르크스는 대영박물관의 도서관을 다니며 경제학 연구 성과를 정리하기 시작했다. 그때 집필한 초고인 〈자본제 생산에 선행하는 제 형태〉(Formen, die der kapitalistischen Produktion vorhergehn, 1857~1858)는 사유재산권 문제에 있어 매우 중요한 문헌이다.

마르크스는 근대 시민사회 이전 공동체의 소유 유형에 주목하여 '아시아적 공동체', '로마적 공동체', '게르만적 공동체'로 분류했다. 아시아적 공동체는 전제군주가 지배하는 공동체로,

소유의 관점에서 말하자면 전제군주가 모든 것을 소유하므로(공동체 구성원은 점유할 뿐이다) '사적 소유'가 전혀 등장하지 않는다. 따라서 주목해야 할 것은 '사적 소유'가 등장하는 로마적 공동체와 게르만적 공동체다.

고전 시대(그리스, 로마)의 로마적 공동체는 집단 정착 생활을 시작한 도시국가에서 탄생했다. 도시국가는 일단 '여기가 우리 땅'이라고 정하여 땅을 공유public한 다음, 공동체 구성원이 생활하는 데 필요한 만큼의 토지를 사유지로 배분private했다. '사유지'란 '개인이 마음대로 행동해도 되는 영역'으로, 안팎이 분리되어 있어서 타인이 들어가지 못하는 곳을 의미한다. 할당된 사유지의 소출에 따라 재생산된 공동체 구성원은 공동체 전체를 위한 활동 – 특히 공동체 방위를 위한 군역 – 에 종사한다. 이것이 로마적 공동체의 원형이다.

이 로마적 공동체에서는 사유재산과 노동이 밀접하게 연관되어 있었다. 공동체 구성원의 재생산을 위해 토지가 할당되었으므로 사유재산이 평등하게 배분되었던 셈이다. 그러나 이 사유재산권은 점점 변질되어갔다. 다른 집단을 군사적으로 정복하여 노예 및 식민지를 획득한 후, 원래는 스스로 일해서 구성원을 재생산했던 토지 소유자들이 일하지 않고도 노예를 부려 마음껏 돈을 벌기 시작했다(노예제 대토지 소유). 이처럼 사유재산에서 소유자

각자의 생활을 누리는 조건이라는 의미는 사라지고 제멋대로 돈을 벌어도 되는 것을 허용하는 성질만이 부각되게 된 것이다.

다음으로는 게르만적 공동체를 생각해보자. 게르만적 공동체는 집단을 이루지 않고 자립해서 생활하는 구성원들의 자발적 연합에서 시작되었다. 그러므로 로마적 공동체와는 달리 처음에는 공유했다 사유재산으로 나누는 과정 없이 처음부터 각자가 자족하기 위한 사유재산을 소유했다. 물론 그 사유재산은 구성원 각자의 노동과 밀접하게 결부되어 있다. 이 자유롭고 독립적인 개인들이 필요에 따라 공동작업을 할 경우(예를 들어 군사적 결집)에도 각자의 자립성과 대등성이 존중되었다. 이들은 공동의 의사결정이 필요할 때마다 민회의 만장일치를 요구함으로써 개체를 집단에 종속시키지 않고 독립적으로 존중하는 체제를 보장했다. 이것이 고대 게르만 사회의 원형이다.

그러나 로마적 공동체와 마찬가지로 게르만 공동체도 군사적으로 다른 집단을 정복하고 공동체 내 빈부 격차가 확대되자 '자유롭고 대등한 개인'이라는 전제는 무너졌다. 사유재산으로서의 토지가 자신의 노동과는 무관하게 농노를 부려 수익을 올리는 수단으로 변질되었던 것이다(마르크스는 19세기 독일 역사학 연구를 참조하여 고대 게르만 사회를 이해했다. 그런데 당시 독일 역사학은 게르만인의 자유롭고 독립적인 특징을 과장한 경향이 있어서 요

즘은 수정되는 추세다. 단, 그런 한계를 고려하더라도 '사유'의 의미가
변질되었다는 마르크스의 주장에는 설득력이 있다).

　로마적 공동체와 게르만적 공동체에서 사유재산은 원래 공
동체 구성원의 생활을 성립시키기 위한 조건이자 각자의 노동과
밀접하게 결부된 재산이었다. 그러나 그것이 어느 순간 돈을 벌
기 위한 수단으로 변질되고 말았다. 마르크스는 이런 변질이 일
어난 것이 '사유'가 타자로부터 격리되었기 때문이라고 생각했
다. '사유'가 사회와 격리된 영역을 만들면서 노예제든 농노제든
무엇이든 허용되었다는 것이다. ([표 4-1] 참조)

[표 4-1] 마르크스: 사유재산의 변질

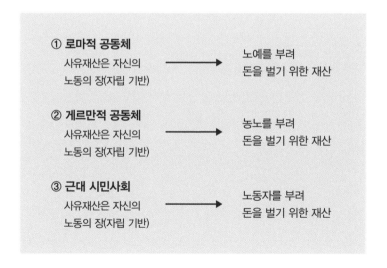

자본주의는 근대 시민사회의 변질

마르크스는 근대 시민사회가 자본주의로 변질됨에 따라 사회 구조에도 똑같은 변화가 일어났음을 알아챘다. 근대 시민사회의 사유재산권은 이념적으로는 노동의 성과를 자기 것으로 만들 권리이자 그 재산을 자신의 노동의 장을 확대하기 위해 자유롭게 쓸 권리로 생각했다. 즉, 사유재산과 자신의 노동 사이에 밀접한 관련이 있었던 것이다.

그러나 생산하는 데 있어 기계가 도입되고 '고용하는 자'와 '고용되는 자'가 분리되자 자본의 '사유'재산으로서의 측면이 두드러졌다. 고용계약은 형식적으로는 대등한 인간끼리의 자유의사에 기초한 계약이었지만, 실질적으로는 저임금을 강요하기 위한 도구가 되었고, 자본은 그것을 이용하여 이윤을 벌어들였다. 자본을 소유한 자는 사유재산권이 있으므로 자신의 재산을 활용하여 얼마든지 돈을 벌어도 된다고 생각했다. 이런 식으로 공정한 평가라는 인격적 관계와는 무관한 이윤 획득 기계로서의 자본이 대두된 것이다.

이처럼 대조적인 근대 시민사회와 자본주의는 애덤 스미스의 '노력의 등가 교환 경제'와 '자본주의 경제'에 각각 대응한다. 그리고 마르크스는 스미스의 '노력의 등가 교환 경제'를 높이 평가했다.

능력이 허락하는 한 고객이 기뻐할 만한 재화와 서비스를 최선을 다하여 만들어낸다. 그때의 노동은 사회적으로 중요한 의미를 지니는 생명활동이다. 그리고 그 노력은 시장 안에서 공정하게 평가받는다. 그것은 사람들에게 자신이 노력한 가치를 인정받는다는 뜻이다. 여기에는 만드는 사람과 쓰는 사람 사이의 공감, 그리고 사람들끼리 서로의 노고를 이해하는 공감이 형성된다. 마르크스는 노동과 소비는 둘 다 사회적 생명활동이며, 그런 활동 중에 서로 사회성과 감수성을 연마하는 것이 인간의 본연의 자세라고 생각했다. 그러므로 스미스의 '노력의 등가 교환 경제' 속에서 '노력과 기쁨의 상호 공감'을 나누는 것이야말로 마르크스가 생각하는 인간의 가장 이상적인 모습이었다.

그러나 '노력이 등가로 교환되는 경제', 모두가 일하는 세상이란 이념 속에만 존재하는 이상이다. 그곳은 설사 누군가 자본을 가지고 있다 해도 그것이 자기 노동의 장으로만 기능하는 소규모 생산자의 세상이다. 화폐가 가치를 대신하고 자본이 사유재산권 때문에 이윤 획득 기계가 되어버리면 스미스가 제시한 세계 – 화폐 거래의 배후에 사회적, 윤리적 관계가 있는 세계 – 는 무너지고 만다. 그 무너진 모습이 바로 '자본주의'다. 그리고 사회 구조가 그처럼 변질된 근본적인 이유는 '사유'다. 마르크스

가 장차 다가올 미래 사회에서 '사유'를 배제하려 한 것은 바로
그 때문이다.

'Individual한 소유'와 'private한 소유'

마르크스는 경제학 연구를 총정리할 생각으로 〈자본제 생산
에 선행하는 제 형태〉를 비롯해 3편의 경제학 수고가 실린《정치
경제학 비판 요강》(*Grundrisse der Kritik der politischen Ökonomie*, 1939)
을 1857년 7월부터 1858년 5월까지 집필했고, 곧이어《정치경제
학 비판 강요》(*Zur Kritik der Politischen Ökonomie*, 1859)도 출간했다.
그 시점에 그의 저작 계획은 매우 방대해졌다. 집필하는 도중에
도 자꾸만 새로운 아이디어가 떠올라서 작업에 끝이 보이지 않
았던 것이다.

그래서 일단 가장 중요하게 생각한 '자본'을 기본 축으로 삼
아 저작을 정리해 1867년《자본론》(*Das Kapital*, 1867) 제1권을 출
간했다. 앞서 마르크스의 사색 과정을 되돌아보는 중에 이미 말
했지만, 가치가 화폐로 대체되고 자본이 이윤 획득 기계가 되면
과잉 생산으로 인한 공황이 발생한다는 이야기를 더는 반복하
지는 않겠다. 그러니 아래의 인용문을 읽으며《자본론》제1권의

핵심 내용인 '자본주의는 미래에 어떻게 될까?' 하는 문제와 '사유를 없애면 무슨 일이 일어날까?' 하는 문제에 관심을 집중해 보자. 마르크스는 제1권 후반부에서 다음과 같이 서술했다.

> 자본주의적 생산 양식에서 비롯된 자본주의적 취득 양식[누가 얼마나 취할지 결정하는 구조], 즉 자본을 소유한 자가 이윤을 사유하는 방식은 각 개인이 자신의 노동 성과를 사유할 수 있다는 소유의 원칙을 부정한다. 그러나 자본주의는 자연의 필연적인 과정을 거쳐 어차피 부정당할 것이다[공황으로 붕괴한다]. 즉 부정이 부정당하는 셈이다. 그러나 이 부정은 [자신의 노동에 기초한] 원래의 사유를 부활시키지 않는다. 대신 자본주의 시대의 성과에 기초하여 개인적 소유를 만들어낼 것이다. 즉 노동자가 회사에서 협업하고 노동을 위한 토지와 생산수단[기계 등 회사 재산]을 공동 점유하는 것이다.
>
> _카를 마르크스, 《자본론》 제1권 제7편 제24장

원문을 살펴보면 '사유'(사유재산의 소유 방식)는 Privateigentum(private property)으로 되어 있고, '개인적 소유'는 Individuelle Eigentum(individual property)으로 되어 있다. 그렇다면 자본주의의 미래에 등장할 '개인적 소유'란 무엇을 뜻하는 것일까? 그것을 이해하려면 옛날 로마적 공동체와 게르만적 공동체의 '사유'

에도 포함되어 있었던 '개인적' 요소를 살펴볼 필요가 있다.

개인적 소유(individual한 소유)란, 외부와 벽으로 완전히 격리된 사유(private한 소유)와는 달리 사회적 연계를 바탕으로 하고 있다. 로마적 공동체를 예로 들자면 사유지는 어떻게 사용하든 자유였지만 도시가 소유한 토지에 대해서는 건물을 짓거나 할 때 일정한 규칙에 따라 외관과 높이 등을 정해야 했다. 이것이 사회적 연계를 전제한 '개인적 소유'다. 개인의 소유물인 동시에 모두의 소유물이 되는 것이 개인적 소유의 특징이다.

게르만적 공동체는 원래 독립된 개인으로 이루어졌으므로 그들의 소유는 로마적 공동체의 소유보다 '사유'에 가깝다. 그래서 '개인의 물건인 동시에 공공의 것'이라는 식의 공동체적 제약이 별로 없다. 게르만적 공동체의 '개인 소유'는 공동 행위 속에서 찾아볼 수 있다. 앞에서 말했다시피, 게르만적 공동체는 자유의사로 연합한 집단이라 개인의 자유와 대등성을 중시했으므로 공동의 결정에 '민회'의 합의가 필요했다. 거기서 합의하는 일은 모두의 일인 동시에 개인의 일이었다. 그러므로 '공공의 일'이라고 해서 개인에게 무언가를 강요할 수 없었다. 이런 특징은 공동으로 농사를 지을 경우 모든 땅을 공유지로 만드는 것이 아니라 공동으로 이용하면서도 개인에게 지분을 나눠주는 형태를 취한 것에서 드러난다. 어디까지나 개인이 소유하는 형식을 취했던 것이다. 그것이 게르만적 공동체의 '개인적 소유'의 특징이다.

개인적 소유의 가능성

이 로마적 공동체와 게르만적 공동체에서 보이는 개인적 소유의 특징을 참고하여 자본주의의 미래에 개인적 소유가 어떤 모습을 띨지 구체적으로 그려볼 수 있을까? 마르크스의 생각을 미루어 짐작해보면 다음 두 가지 가능성을 생각해볼 수 있다.

첫째, 노동자가 회사를 공동 점유하고 자주적으로 경영하면서 회사의 지분권을 나눠 갖는 형태, 즉 생산자 협동조합 같은 것이 그것이다. 협동조합 경영에는 공동의 이익을 위한 공적인 제약이 부과될 것이다(회사 소유인 동시에 사회 소유). 또 노동자는 협동조합의 지분권 소유자로서, 그리고 거기서 일하는 구성원으로서 회사 경영에 참여할 것이다(회사=모두의 것인 동시에 각 개인=노동자의 것).

둘째, 노동자의 점유권과 지분 소유권이 별도로 존재하는 형태다. 다시 말해 노동자가 경영의 주도권을 행사하는 주식회사다. 이 경우 지분권의 소유자인 주주가 사유재산권자로서의 권한을 전부 행사하지 못한다. 주주는 노동자 측의 경영권과 수익

분배권을 인정하며 재산권 훼손에 관한 중요한 결정에만 관여할 권한이 있다. 19세기에는 이미 근대적 주식회사 제도가 정비되어 있었다. 따라서 마르크스가 주식회사를 소유와 점유(실질적 경영)가 분리된 새로운 소유의 모델로 주목했을 가능성이 크다. 물론 첫 번째 형태와 마찬가지로 이 두 번째 형태에서도 회사 경영상 공적인 제약이 부과되며 노동자들이 경영에 대해 발언권을 행사하는 현장 민주주의가 시행된다.

마르크스가 'individual한 소유'를 중심으로 그려낸 미래는 소비에트형 사회주의−국유화 및 계획경제−와는 상당히 다르다. 그리고 그의 소유에 관한 문제의식은 지금의 주식회사의 주주 권한 문제−회사는 누구의 것인가, 주주는 주권자인가−로 이어진다.

자술리치 서신에 등장한 'individual한 소유'

마르크스는 《자본론》 제1권을 출간하기 전, 엥겔스와 함께 1864년 국제노동자협회(제1 인터내셔널)를 설립했다. 논리적 분석뿐만 아니라 현실을 바꾸고자 하는 실천적 활동에도 힘쓴 것이다. 그러나 1871년에 민중봉기로 수립된 파리 코뮌[36]이 정부

군에게 무너진 뒤, 민중들의 지지를 받았던 국제노동자협회도 기존 권력에 눈엣가시가 되었다. 내부 방침을 둘러싼 대립까지 있어서 협회는 이듬해인 1872년 헤이그 대회를 마지막으로 결속력을 잃고 만다.

그 후 마르크스는 공식 석상에는 거의 모습을 드러내지 않았지만 활동가들과는 지속적으로 연락했다. 덕분에 만년에 러시아 혁명가인 자술리치[37]에게 보낸 편지 속에서 그가 평소에 어떤 생각을 했는지를 살펴볼 수 있다.

자술리치는 마르크스에게 후진국 러시아의 농촌 공동체는 몰락할 운명인지, 아니면 사회주의의 토대가 될 것인지를 물었다. 마르크스는 원래 전근대로부터 시민혁명을 거쳐 근대사회가 성립되고 그 후 자본주의가 생산력을 증강시킨 결과 사회주의에 이른다는, 역사의 단선적 발전을 상정한 바 있다. 그렇다면 당시 러시아는 공동체를 무너뜨리고 근대 시민사회를 열어야 할 시점이었다. 그래서 자술리치가 정말로 그렇게 될 것인지 물었던 것이다.

---

36 1871년 파리 시민과 노동자들의 봉기에 의해서 수립된 혁명적 자치 정부를 일컫는다.

37 베라 이바노바 자술리치(Vera Ivanovna Zasulich, 1849~1919) 러시아의 여성 혁명가. 레닌과는 이론적으로 반대 입장을 취하며 마르크스주의적 '노동 해방단'을 창립했고, 여러 차례 스위스와 러시아를 오가며 혁명운동을 지속했다. 2월혁명 후에는 극우 멘셰비키 그룹에 들어가 지도자로 활동했다.

마르크스는 그 질문에 '단선적인 발전 순서를 모든 나라에 적용할 수는 없다'고 답했다. 그뿐만 아니라, 토지를 공동으로 소유하면서도 정기적으로 구성원에게 분배하고 개인적으로도 활용한다며 러시아의 농촌 공동체를 높이 평가했다. 또한 개인과 집단의 이런 조화는 자신의 이상일 뿐만 아니라 러시아의 사회적 재생의 거점이 될 것이라고 평가했다. 다시 말해 러시아의 농촌 공동체를 '개인의 것인 동시에 모두의 것'이라는 개인적 소유의 구체적인 형태로 인정했던 것이다.

마르크스는 만년까지 전근대 공동체에 관한 역사적 연구를 이어 나갔다. 여기에서 그가 '개인적 소유'에 관심이 깊었음을 알 수 있다.

마르크스는 《자본론》 제2권, 제3권을 자신의 손으로 완성하지 못하고 1883년에 사망하고 만다. 대신 엥겔스가 유고를 정리한 결과 1885년에 제2권을, 1894년에 제3권을 출간했다. 마르크스는 철학자, 경제학자, 역사학자로서뿐만 아니라 혁명가로서 인류 역사에 커다란 영향을 미쳤다. 그러나 지금의 현실은 혁명 사상가로서의 마르크스를 필요로 하지 않는다. 다만 '소유'의 근원을 고찰한 그의 자세를 우리는 필요로 할 뿐이다.

사유재산권을 지키는 사회에서
부를 사용자에게 위탁하는 사회로

앞서 '개인적 소유'의 현대적 구현 형태에 대해 두 가지 가능성을 상정할 수 있다고 말한 바 있다. 첫 번째는 생산자 협동조합, 두 번째는 노동자에게 경영권이 있는 주식회사다. 둘 중 후자의 내용을 좀 더 자세히 들여다보자. 물론 이것은 마르크스의 이론이 아니라 그의 생각을 참고해서 한 사유다.

노동자에게 경영 주도권이 있는 주식회사에서는 두 가지 의미에서 '사유'가 부정된다. 첫째, 주주는 회사의 지분을 소유하지만 그것은 주주의 사유재산이 아니며 회사 경영을 지배할 권리 또한 아니다. 둘째, 노동자가 회사 경영의 주도권을 쥐고 경영에 관여, 참여하지만 그들이 움직이는 재산과 이익 역시 그들의 사유재산이 아니다. 자본이라는 형태로 회사에 부를 집중시킨다 해도 그것은 사회에 공헌하기 위해 이루어진 투자일 뿐 누군가의 사유물이 아니라는 것이다.

예를 들어, 어떤 영화 제작사가 수익이 날 만한 3편의 영화와 그 수익으로 만들어야 할 영화 1편을 계획하여 최소한의 이익을 남기려 한다고 하자. 뒤에 말한 영화는 수익이 나지는 않지만 예술적 가치가 높아 영화 제작사의 노동자들이 그 영화를 제작하는 일에 큰 의미를 둔다.

　주주가 회사의 주권자라면 노동자들에게 수익을 내지 못하는 영화는 만들지 말라고 명령할 수 있다. 또한 명령에 따르지 않는 경영자를 해고할 수도 있다. 그 영화를 만들면 노동자들의 동기는 향상되겠지만, 주주가 그에 따른 긍정적 효과보다 지출의 부정적 효과가 크다고 판단할 경우 이익을 위해 영화 제작을 중단시킬 수 있다는 것이다.

　그러나 주주에게 사적 소유권자로서의 지배권이 없을 경우, 회사는 노동자가 원하는 대로 움직일 것이다. 3편의 영화가 낸 수익을 투자하여 가치 있는 영화를 만들 수 있다는 것이다. 그러나 회사의 이익(여기서는 3편의 영화로 벌어들인 수익)은 노동자의 사유물이 아니다. 그 부는 사회가 맡긴 것이다. 영화 회사의 노동자가 사회에 도움이 되는 방향으로 부를 활용할 만한 최고의 능력을 갖추었다고 믿고 사회가 맡긴 것이다. 따라서 노동자는 그 부가 사회에 공헌하는 데 쓰이고 있음을 증명할 책임이 있다.

　개인적으로 소유한(노동자가 점유한) 회사란 누구의 사유물도 아닌 자본을 노동자(활용할 지식을 가진 자)가 맡아서 운영하는 회사다. 물론 노동자는 부를 떠맡은 만큼 자신의 사회적 책임 – 어떤 활동으로 수익을 내고 그것을 어떻게 썼는지 공개하는 것 – 을 완수해야 한다. 사업을 경영하는 경영자가 정보 공개를 하는 일은 마셜의 '경제 기사도'를 실천하는 일이기도 하다.

이 새로운 소유 형태에는 이런 의미가 있다. 사회와는 무관하게 자신의 이익만 생각하는 지금의 '사유'라는 소유 형태를 극복하기 위해 부를 누군가에게 맡기고 책임을 지게 하는 체제를 고려해야 한다는 것이다. 다시 말해, 사적 소유자가 자본을 이윤 획득 기계로 바꾸지 못하도록 사적 소유자의 절대적 지배권을 없애자는 것이다. '사유'는 사회적 영향을 도외시하게 만들어 '나쁜 돈벌이'를 유발한다. 그러니 자본 소유 형태 자체를 바꾸자는 것이다. 그것은 스미스의 자본주의의 도덕적 조건 – 돈벌이는 공정한 경쟁 하에 이뤄져야 하며 사회와 동떨어진 이윤 획득 기계가 되어서는 안 된다 – 을 충족시키기 위한 하나의 방책이라 할 수 있다. 마르크스의 이런 생각은 사업 경영자에게 윤리성을 요구한 밀이나 마셜, 그리고 전체의 이익을 도외시하는 소유자의 이기심을 경계한 케인스의 생각과도 일치한다.

소유자가 경제의 주역에서 물러나고, 부를 떠맡은 자가 주역이 되어 책임을 다한다고 말할 때의 '책임(responsibility)'이란 손실을 부담하거나, 손해를 배상하거나, 지위를 포기한다는 뜻이 아니다. 사회의 부름에 응답(response)한다는 뜻이다.

부를 떠맡은 자는 '당신의 지식과 능력을 사회적으로 의미 있는 활동에 활용해 달라'는 사회의 부름에 응하고, '좋은 돈벌

'사유(私有)'를 다시 묻다

이'를 하고, 그것을 공개한다. 그리고 그렇게 응답할 수 있는 것에 자부심을 느낀다. 설사 실수로 '나쁜 돈벌이'를 했다 하더라도 그 내용을 사회에 공개하고 조직적으로 재발 위험을 방지한다.

부를 위탁받은 자에게 이런 책임감 – 자부심과 자각 – 이 있다면 그것은 경제활동이 이루어지는 모든 현장에서 나타날 것이다. 이 방향성이야말로 스미스의 자본주의의 조건을 중요한 잣대로 삼아온 경제학의 역사가 우리 사회에 제시하는 대안이다.

제5장

사유재산권의
절대성

프리드리히 하이에크

Friedrich Hayek

경제사상사의 지류

지금까지 스미스부터 밀, 마셜, 케인스, 마르크스까지 경제사상사의 큰 방향성을 살펴보았다. 그것은 스미스가 말한 자본주의의 도덕적 조건이 무너진 현실 – 전체의 부를 증진시키지 않는 '나쁜 돈벌이'가 득세하는 현실 – 에 대항하여 스미스의 조건을 회복하려는 경제학이 등장한 일련의 흐름이었다. 그와 동시에 경제학의 역사에는 부를 창출하기 위한 의사결정을 내리는 주체를 일정한 방향으로 이동시키려는 경향이 있었음을 확인했다. 사회와 무관한 이윤 획득 기계로 전락하기 쉬운 소유자로부터 실제로 사회에 도움이 되도록 부를 움직이려는 활용자 쪽으로 말이다.

밀과 마셜은 도덕성을 갖춘 사업 경영자에게 회사를 맡겨야 한다고 주장했고, 케인스는 '소유와 경영의 분리'를 명확하게 의식해 소유자(주주)의 돈벌이보다 실업(기업가와 노동자)의 돈벌이를 우선시해야 한다고 했다. 또 저축을 하는 자의 돈벌이가 전체의 이익으로 이어지지 않는다는 것, 저축이 과도하면 유효수요가 부족해져 부를 활용하려는 사람들을 방해한다는 사실을 밝히고 케인스 정책(부를 활용하려는 사람이 방해받지 않기 위한 제도)의 필요성을 주장하기도 했다.

마르크스는 밀, 마셜, 케인스와 동일한 방향성 안에서 사유재산으로서의 자본이 사회성을 잃어가는 경향을 지적하였다. 또한 자본을 사유하도록 되어 있는 법적 원리에 문제를 제기하고 개인적 소유와 노동자의 점유라는 새로운 형태의 소유를 제안했다. 그것은 사유재산권을 절대시하는 사고방식(주주 주권)에서 벗어나 경영자와 노동자에게 부를 위탁한 후 그 부의 생성과 투자 내용에 관한 정보를 개시하고 사회의 평가를 기다릴 책임을 지우는 새로운 형태의 소유다.

이들이 주장한 것은 전부 경제활동의 주축을 부의 소유자에게서 활용자에게로 옮기는 일로, 스미스의 조건을 갖춘 '좋은 돈벌이'를 실현하기 위한 방책이라 할 수 있다.

이것이 우리가 생각하는 경제사상사의 본류다. 그 큰 방향성은 사유재산권을 가진 소유자가 경제의 주역에서 물러나는 것이다. 그러나 '사유'를 극복하거나 기업을 주주와 분리된 자립적인 존재로 보아 사회적 책임을 중시하는 관점을 매우 강하게 부정하는 경제학자가 있었으니 자유주의 전도자 프리드리히 하이에크Friedrich August von Hayek가 바로 그다.

개인적으로 하이에크는 경제사상사의 본류에서 벗어나 있다고 생각한다. 그러나 1980년대 이후 신자유주의 조류가 우세했던 탓에 하이에크가 본류라고 생각하는 독자도 많을 것이다. 하이에크가 현재 우리의 '상식'을 지배하고 있는 것은 분명하다. '시장 질서'가 가장 중요하며 그것이 사라졌기 때문에 사회주의 계획경제도, 정부가 주도하는 복지국가도 실패했다는 사고방식은 여전히 너무나도 견고하다. 게다가 하이에크는 경제사상사의 출발점으로 보고 있는 애덤 스미스 사상의 핵심적 의미를 계승하려 했다. 그런 경제학자를 지류로 평가하는 이유는 무엇 때문일까? 의문을 품는 독자가 많을 것이다.

그래서 하이에크의 사상을 상세히 살펴보면서 이 의문에 답하고자 한다. 그리고 그의 사상의 핵심을 짚으며 이렇게 결론 내리고 싶다. 하이에크가 자유경쟁 정신을 지키려 했다는 측면에서는 스미스의 훌륭한 후계자라 할 수 있지만, 그러기 위해 시대에 뒤처진 방법인 '사유재산권의 보장'을 선택했다는 측면에서는 시대 상황에 맞게 스미스의 조건을 다시 정비하려 한 경제학의 본류에서는 벗어나 있다고 말이다.

프리드리히 하이에크의 생애

프리드리히 하이에크는 1899년 오스트리아 빈에서 의사이자 식물 지리학자인 어거스트 본 하이에크의 아들로 태어났다.

프리드리히 하이에크
Friedrich Hayek
(1899~1992)

그리고 1918년 빈 대학에 입학하여 법학과 경제학을 배우면서 자유주의 경제학자인 미제스[38]의 사회주의 비판에 큰 영향을 받았다.

1927년에는 미제스가 설립한 경기순환 연구소의 소장으로 취임했고, 1929년에는《통화이론과 경제이론》(*Geldtheorie und konjunkturtheorie*, 1929)을 출간하였으며, 같은 해 빈 대학의 강사가 되었다. 그의 경기순환이론은 1930년에 출간된 케인스의《화폐론》과 대조를 이루며 경제학계에서 큰 쟁점이 되었다. 1931년에는 런던 정치경제 대학교[LSE][39] – 케인스가 몸담았던 케임브리지 대학과 경쟁 관계였음 – 의 초대를 받아 소속을 바꾸었다.

제2차 세계대전 전에 하이에크가 남긴 이력 중 중요한 것으로는 자유주의자들과 사회주의자들 사이에서 벌어진 사회주의 경제 계산 논쟁을 꼽을 수 있다. 이것은 과도한 화폐 공급이 호황과 불황의 원인이라고 주장하는 경기순환이론과 계획경제의 불가능성에 관한 논쟁이었다.

자유주의자였던 하이에크는 사회주의 계획경제에 반대했

---

38 루트비히 폰 미제스(Ludwig von Mises, 1881~1973) 오스트리아 태생의 미국 경제학자. 화폐의 가치를 효용성에 둔 화폐이론체계를 완성하여 화폐와 경기이론의 발전에 공헌했다. 사회주의국가에는 합리적인 가격 기구가 없으므로 사회주의 계획이 성공할 수 없다고 주장했다.

39 London School of Economics and Political Science. 영국 잉글랜드 런던 중심부에 위치한 사회과학 특화 공립대학이며 세계적인 명문 대학이다.

을 뿐만 아니라 정부가 시장에 개입해야 한다는 의견에도 반대
했다. 시장은 자율조정 기능이 없으므로 정부가 적절히 개입해
야 한다는 사고방식은 1940년대 들어 케인스의 영향력에 힘입
어 점점 널리 퍼져 나갔다. 하이에크는 그 흐름에 저항하여 정부
가 시장에 개입하기 시작하면 자유가 훼손된다고 주장하는 저서
인《노예의 길》(*The Road to Serfdom*, 1944)을 출간했다. 이 책에 대
한 케인스의 의견 또한 중요하므로 나중에 소개하겠다.

  《노예의 길》이후 하이에크는 경제이론가가 아닌 자유주의
사상가로 불렸다. 당시에는 소비에트 사회주의가 세력을 얻고
자본주의 국가들도 케인스주의 복지국가로의 길을 지향하는 상
황이었으므로 국가 개입에 회의적인 자유주의자들은 소수파에
속했다. 그러나 고전주의자라고도 할 수 있는 이들 소수파는 그
들 나름대로 세상의 흐름에 저항했다. 그래서 1947년 자유주의
를 지키기 위한 지식인 단체인 몽펠르랭 협회[40]를 설립하고 초
대 회장으로 하이에크를 임명했다.

  하이에크는 1950년에 시카고 대학으로 옮겨 사회, 도덕 철학
강좌를 담당하였고, 1960년에는 자유주의 사상을 담은 대작《자

---

40 Mont Pelerin Society. 1947년에 하이에크가 스위스 몽펠르랭에서 경제학자, 역사학자, 철학
자들과 함께 결성한 모임. 제2차 세계대전 직후 확산되던 전체주의와 공산주의에 맞서 자유
주의 경제이념을 연구, 전파하기 위해 설립됐다.

유 헌정론》(*The Constitution of Liberty*, 1960)을 저술하였다. 그러나 케인스주의가 전성기를 이루던 시대여서 여전히 소수파로 만족해야 했다.

이후 하이에크는 유럽으로 돌아가(1962년 프라이부르크 대학, 1970년에는 잘츠부르크 대학) 필생의 대작《법, 입법, 그리고 자유》(*Law, Legislation and Liberty*, 1973, 1976, 1979)를 3번에 걸쳐 3권으로 출간하였다. 그의 자유주의 사상은 명확했다. '인간이 고안한 질서보다 자연스럽게 형성된 자생적 질서를 신뢰해야 한다'는 것이었다.

그리고 1974년에는 뮈르달[41]과 공동으로 노벨 경제학상을 수상했다. 수상 이유는 '화폐와 경제변동이론에 관한 선구적 업적과 경제적 현상, 사회적 현상, 제도적 현상의 상호 의존성에 관한 예리한 분석' 때문이었다. 좌파인 뮈르달과 공동으로 수상한 것은 선정 위원회가 정치적으로 균형을 맞추려 했기 때문인지도 모른다.

1970년대부터 케인스주의 복지국가가 한계를 보이고 있었으므로 자유주의는 하이에크가 노벨상을 받은 이후부터 소수파를 넘어 세력을 확장할 수 있었다. 그리고 1980년대에는 대처 정권

---

41 군나르 뮈르달(Gunnar Myrdal, 1898~1987) 스웨덴의 경제학자. 사전 · 사후 분석을 도입한 동학적(動學的) 균형 개념 확립, 저개발국가에 관한 연구 등에서 뛰어난 업적을 남겼다.

(영국), 레이건 정권(미국)을 거치며 현실정책에까지 영향을 미쳤고, 경제사상은 케인스주의에서 자유주의로 바뀌게 되었다.

하이에크는 소련과 동유럽의 사회주의국가가 붕괴된 후인 1992년 사망했다.

사회주의 경제 계산 논쟁에서 언급된 시장의 의미

1917년 러시아혁명으로 사회주의국가인 소비에트가 탄생하자 그 나라가 어떤 경제체제를 채택하느냐에 세계의 관심이 쏠렸다. 특히 시장경제를 계획경제로 대체할 수 있느냐 하는 것은 큰 쟁점이 되었다. 자유주의자 미제스는 자유로운 시장 없이는 합리적인 자원 배분이 불가능하다며 계획경제를 부정했다. 반면 사회주의를 옹호한 경제학자들은 발라스의 일반경제이론을 내세우며 책상 위에서도 합리적인 가격을 찾아낼 수 있다고 반론했다. 그렇게 사회주의 경제 계산 논쟁이 시작되었다. 하이에크도 미제스 진영(시장경제 지지, 계획경제 부정)에서 이 논쟁에 참여했다. 이 논쟁에서 하이에크가 펼친 주장을 살펴보면 그의 경제관을 알 수 있다.

하이에크는 일반 균형의 해답을 책상 위에서 구하면 된다는 사회주의자들, 즉 계획경제를 옹호하는 측의 주장에 맞서 그렇게 하려면 수요와 공급에 관한 모든 정보를 모아야 하는데 그런 일은 불가능하다고 반론했다. 그의 주장에 따르면, 시장 구조는 무엇이 필요하고 무엇을 염가에 공급할 수 있는지를 가격이라는 매개를 통해 전달한다. 예를 들어, 생산자가 비용을 최대한 줄이려고 값싼 원재료를 쓰려 한다고 하자. 그러면 저절로 희소한 생산자원은 적게 쓰고 흔한 생산자원은 많이 쓰게 될 것이다. 이때 생산자는 각각의 원재료 중 무엇이 희소한지 알 필요가 없다. 그런 정보가 가격 안에 포함되어 있기 때문이다. 즉, 시장 수요에 따라 가격이 정해지는 구조가 수요, 공급에 관한 구체적인 정보를 한 곳에 모으지 않고도 효율적으로 자원을 배분하는 것이다.

시장경제가 가격을 통해 저절로 효율적으로 돌아가는 데 비해, 계획경제는 정보를 한 곳에 모아야만 자원을 효율적으로 이용할 수 있다. 그러나 정보량이 너무 방대해서 분산된 정보를 한 곳에 모으기란 불가능하다. 하이에크는 이런 이유로 계획경제를 비판했다.

그러나 가격의 정보 집약 기능만 생각한다면 계획경제를 옹호하는 측에서도 반론의 여지가 있다. 사회주의를 옹호했던 폴란드의 경제학자 랑게[42]는 잠정적으로 가격을 붙인 후 수요와 공급이 파악되면 그 오차를 수정하여 가격을 다시 정하는 식으로 균형의 해답을 구할 수 있다고 주장했다. 분명 그의 말대로라면 정보를 한 곳에 모으지 않고도 가격의 정보 전달 기능을 할 수 있다.

그러나 하이에크는 랑게의 이런 생각에도 반론했다. 랑게는 시장을 재화와 생산자원의 위험부담이 정해져 있는 'OO이라는 재화의 시장', 'OO이라는 생산자원의 시장' 형태로 상정했다. 예를 들자면, 사과라는 재화를 한 덩어리로 보고 수요, 공급을 파악하는 구조다. 그러나 사과에는 '부사'도 있고 '홍옥'도 있다. 그것을 뭉뚱그려 '사과'로 파악해도 되는 걸까?

그렇다고 하이에크가 '부사와 홍옥의 시장을 별도로 파악해야 한다'고 주장한 것은 아니다. 그렇다면 품목별로 시장을 만들면 그만이다. 그보다 하이에크는 현실의 시장경제에서는 '부사'나 '홍옥' 시장이 자연스럽게 만들어진다는 점을 강조하려 했던 것이다.

시장이 자연스럽게 만들어지는 과정은 시험해보아야 알 수 있는 개별적 정보를 시험 삼아 연결하는 일에서부터 시작된다. 즉 '조나골드(사과의 한 품종)'를 만드는 기술은 있지만 그것이

---

42 오스카르 리샤르트 랑게(Oskar Ryszard Lange, 1904~1965) 폴란드의 외교관 · 경제학자. 사회주의 체제의 시장 가격 계산법 사용을 주장하여, 시장 사회주의의 초기 형식을 마련한 것으로 알려져 있다.

과연 잘 팔릴지 알 수 없을 경우, 그래도 잘 팔릴 것이라는 생각을 갖고 생산해보는 것이다. 그 시도가 성공하면 생산기술에 관한 정보와 사람들의 욕구에 관한 정보가 연결되어 하나의 시장을 성립시킬 것이다. 모색과 도전을 통해 국지적으로 존재하는 지식을 효과적으로 활용하여 새로운 지식을 발견하는 이런 과정이야말로 시장경제의 가장 중요한 기능인데, 랑게의 이론에는 이런 과정이 빠져 있다는 것이다.

> 경제가 제대로 기능하기 위해서는 사람들 사이에 무수히 흩어져 있는 지식을 이용해야 한다. … 인간의 지식은 불완전하므로 끊임없이 지식을 전달하고 획득하는 과정이 필요하다. 연립방정식을 다루는 수리 경제학자 대부분이 활용하는 방식[랑게의 구조]은 가장 중요한 과제를 방치하려 든다. 사람들의 지식[본인밖에 몰라서 누군가 물어봐야만 활용될 수 있는 국지적 지식]과 겉으로 드러난 사실 정보[가격 등]가 서로 대응한다고 생각하기 때문이다.
>
> … 나는 수급균형 분석의 경제학적 의미를 부정하지는 않는다. 그러나 균형 분석으로 [랑게의 구조를 사용하여] 실제 문제를 전부 해결할 수 있다고 생각하는 것은 큰 오산이다. 균형 분석은 시장 구조의 사회적 절차를 전혀 고려하지 않기 때문이다.
>
> _프리드리히 하이에크, 〈사회에 있어서의 지식의 이용〉, 《개인주의와 경제 질서》[43]

시장에서의 모색과 도전은 성공할지도 모르고 실패할지도 모른다. 성공한 기업은 살아남고 실패한 기업은 도태된다. 도태는 곧 파산이니 고통이 따를 수밖에 없다. 그러나 우리는 자유로운 지식의 활용을 최대한 보장하는 제도(자유시장경제)를 통해 분산된 지식을 최종적으로 활용하여 최고의 성과를 낼 수 있다. 그래서 자유시장경제가 중요한 것이다.

자생적으로 형성된 질서에 대한 신뢰

하이에크는 '시장'의 질서가 자생적spontaneous(자연발생적)으로 형성되었다고 믿었다. 누군가가 '이런 규칙을 만들면 시장경제가 원활해질 것이다'라고 생각하여 시장 구조를 만든 것이 아니다. 사람들이 경제활동을 하다 보니 자연스럽게 규칙이 만들어진 것이다.

이 시장경제를 지탱하는 규칙은 일반적 규칙(누구에게나, 현재나, 미래나 똑같이 적용되는 규칙)으로 변해가는 경향이 있다. 특정한 사람에게 특별히 부담을 지우는 규칙은 자유로운 지식 활

---

43 Friedrich Hayek, *Individualism and economic order*, University of Chicago Press, 1948.

용을 저해할 것이다. 또한 특정한 사람을 우대하는 규칙 또한 우대받지 못하는 사람들의 자유로운 지식 활용을 저해할 것이다. 일반적인 규칙이 통용되는 나라만이 지식을 활용하여 번영하고 그렇지 않은 나라는 번영할 수 없다. 그러므로 규칙은 자연스럽게 일반성을 띠게 된다.

자연스럽게 형성되는 시장경제 규칙이란 구체적으로 무엇을 의미할까? 이에 대해 하이에크는 시장경제의 형성기를 관찰한 데이비드 흄[44]을 참조했다. 흄은 유럽국가들에서 '소유권의 안정, 동의에 기반한 재산의 이전, 약속의 이행'이라는 규칙이 서서히 저절로 생겨났다고 했다. 표면적으로는 신분제가 있어 모든 시민이 법적으로 대등했다고는 할 수 없지만 – 흄이 살던 시대에는 모든 유럽국가가 그랬다 – 시장경제가 발달할수록 특권의 남용을 억제하는 규칙이 자연스럽게 형성되었다. 명문화되지는 않았어도 일반적인 규칙 – '누구나 소유권을 침해하거나 침해당해서는 안 된다', '누구나 계약을 지켜야 한다' 등의 규칙 – 이 기능하는 나라가 그렇지 않은 나라보다 경제적으로 번영했으므로 일반적인 규칙이 자연스럽게 시장에 침투했던 것이다.

하이에크는 이렇게 자연스럽게 형성된 질서를 신뢰해야 한

---

44 데이비드 흄(David Hume, 1711~1776) 스코틀랜드 출신의 철학자·경제학자·역사가. 서양 철학과 스코틀랜드 계몽주의에 관련된 인물 중 손꼽히는 인물이다.

다고 주장했다. 자유경쟁 시장이 제대로 기능하는 데에는 일반적 규칙이 반드시 필요하다고 생각했기 때문이다. 뒤집어 말하자면 정부가 개입하여 일반성을 손상시키거나 새로운 규칙을 설정하는 것은 바람직하지 않다는 것이다. 또 얼핏 보아 정부가 개입하거나 새로운 규칙을 설정해야 상황이 좋아질 듯해도 그렇게 하지 말아야 한다는 것이다.

우리는 종종 무언가를 개선하거나 고치려 한다. 그럴 때면 대상을 충분히 관찰하여 그 구조 - 원인과 결과의 관계 - 를 파악하고 원인에 작동시켜 좋은 결과를 얻으려 할 것이다. 이것은 이성을 가진 인간이 일반적으로 취하는 행동이다. 그러나 하이에크는 이런 방식 자체에 한계가 있다고 말한다. 특히 사회라는 복잡한 구조는 우리가 아무리 관찰하고 연구해도 그 원인 관계를 통째로 인식하거나 이해할 수 없다. 이처럼 불가능한 일을 마치 가능한 일인 것처럼 믿어버리는 것이 인간의 교만한 점이다. 사람은 적당한 관찰과 믿음만으로 '사회가 이렇게 이루어져 있다'고 이해한 듯한 기분에 빠지기 쉽다. 전부 다 아는 것 같아서 개입하는 것이다. 그러나 대개는 생각한 만큼의 결과를 내지 못한다. 왜냐하면 우리는 전체의 구조(원인 관계)를 파악하지 못하기 때문이다.

세상에는 사람의 인지를 뛰어넘는 것이 수없이 많다. 이처럼 우리가 전체 구조를 이해하지 못하더라도 스스로 원활하게 기능하는 질서가 있다. '시장'이라는 자생적 질서도 그중 하나다. 우리가 그런 질서를 이해하고 개입해서 개선하려는 것은 어리석은 생각이다. 다만 자생적 질서를 신뢰하고 그 질서를 뒷받침하는 규칙을 중시해야만 한다.

앞서 말했다시피 자생적 질서를 뒷받침하는 일반적 규칙은 저절로 형성된 것이다. 결코 누군가가 '이런 규칙을 만들면 일이 잘 풀릴 것이다'라고 생각하여 만든 것이 아니다. 많은 규칙이 법률이라는 형태로 명문화되어 있지만 그것은 사람들이 지키기 쉽게, 자연스럽게 형성된 규칙을 문장으로 표현한 것일 뿐이다. 좋은 규칙은 우리의 이성으로는 만들 수 없다.

하이에크는 이성으로 사회를 인식하고 원인에 적용시키거나 좋은 규칙을 설정하여 좋은 사회를 만들 수 있다는 사고방식을 '설계주의'라 불렀다. 사회주의국가가 채택한 계획경제야말로 시장이 가진 뛰어난 능력을 활용하지 않고 모든 것을 자신들이 생각하여 해결하려고 하는 전형적인 설계주의다. 케인스주의 역시 표면적으로는 자유시장경제를 표방하지만 국가가 개입하여 바람직한 상태를 만들어내려 했으므로 설계주의라 할 수 있다.

사회 정의에 대한 집착이
사유재산권을 위협한다

시장경제의 규칙(재산권 보장, 계약 준수)은 지극히 일반적이므로 규모가 큰 사회에 적용하기에 적합하다. 그래서 소규모 공동체뿐만 아니라 지역과 국가라는 틀까지도 초월할 수 있다. 시장경제의 규칙이야말로 '열린 사회'를 가능케 한다. 하이에크에 따르면, 시장경제의 규칙으로 사회를 확장하다 보면 폭넓은 지식이 활발하게 작용하여 결국 경제적 번영이 이루어진다는 것이다. 하이에크는 오랜 인류의 역사가 그 사실을 증명하고 있다고 말한다.

그러나 인간은 시장경제 규칙 외의 다른 규칙을 만들고 싶어한다. '불평등을 바로잡고 싶다', '공정한 결과가 나오도록 만들고 싶다', '힘든 사람을 돕고 싶다'는 생각을 하기 때문이다. 이것은 '사회 정의'를 추구하는 인간의 본성 중 하나다. 사회가 협소했을 때 - 하이에크의 말을 빌리자면 우리 사회가 부족사회였을 때 - 는 사회 정의를 추구하는 것이 당연했다. 그러나 그것은 그 사회 구성원 전원이 그 사회 안에 통용되는 하나의 목적을 공유했다는 의미다. 다시 말해 개인에게 특정한 목적을 강제했으므로 '각 구성원이 자신의 목적을 추구할 수 있다'는 자유 사회의 대원칙에 어긋난다.

예를 들어, 누진제를 도입하여 소득을 재분배함으로써 평등을 달성하려 한다면 고소득자가 자신의 지식을 활용할 자유를 희생하게 된다. 사회보장제도 역시 평등을 추구하기 위해 고소득자에게 부담을 떠안기므로 그들의 자유를 손상시킨다.

또 소득과 복지에 있어 평등을 추구할 때는 거기에 지출되는 비용에 제한이 없다는 것이 문제가 될 수 있다. 얼마만큼 평등하게 만들면 사회가 정의로워지는지, 그런 객관적인 기준도 없다. 따라서 사회 정의라는 목적하에 고소득자는 늘 수입을 빼앗길 위험에 노출될 수밖에 없다. 그야말로 '소유권 보장'과 '계약 존중'이라는 기본 규칙이 무너지는 것이다. 그것은 곧 미래를 위한 자유로운 지식 활용을 가로막는 일이기도 하다.

또 노동자의 지위 보장이라는 사회 정의 관점에서 노동조합의 독점적 권리를 인정할 경우, 기업의 경영자는 이익을 얻을 때마다 그것을 노동자의 임금으로 내주어야 할 것이다. 이것도 미래의 수익을 위협하는 위험요인이 되어 소유권을 불안하게 만든다.

이처럼 사회 정의를 추구하는 일은 시장경제를 뒷받침하는 일반적 규칙을 거스른다. 열린 자유 사회를 확장시켜 경제 번영을 이루고 인류의 발전을 도모해야 하는데도 부족사회 때와 같은 정서를 가진 사람들이 역사를 후퇴시키고 있는 것이다.

이것이 바로 하이에크의 생각이다.

자유를 지키기 위한 법의 지배

하이에크가 주장하는 자유란 타자로부터 강요받지 않고 자신의 목적을 추구할 수 있는 상태를 말한다. 경제적 측면에서 말하자면 시장에서 자신의 지식을 활용하여 경쟁에 참여하고 이익을 획득할 수 있는 상태다. 이 개인적 자유를 자의적인 지배로부터 지키려면 누구에게나, 현재나, 미래나 똑같이 적용되는 일반적인 규칙이 확립되어 있어야 한다.

시장경제에서 개인의 자유를 뒷받침하기 위한 일반적 규칙은 자생적(자연 발생적)으로 생겨나 '법 원칙'이 된다. 이 원칙은 성문법보다 상위에 있다. 하이에크는 개인적 자유를 지키고 자의적 지배를 방지하기 위해 가장 중요한 것은 사람들이 '법 원칙'을 항상 의식하고 성문법도 그 원칙을 따르는 상하 관계를 유지하는 일이라고 생각했다. 그리고 이 '법 원칙'이 최상위에 위치한 상태를 '법의 지배'라고 불렀다.

'법 원칙'을 성문법보다 상위에 둔다는 것은 설사 민주주의적인 절차에 따라 선출된 의원으로 구성된 입법부라 해도 원하는 대로 법률을 만들 수 없다는 뜻이다. 즉 '법 원칙'에 위배되는 법률은 만들 수 없다는 뜻이다. 하이에크는 이처럼 입법보다 사법을 상위에 두었다. 재판소야말로 '법 원칙'에 따라 법적 판단을 내리는 곳이기 때문이다. 다시 말해 재판소의 판례가 쌓여야 법으로 규정할 수 있다는 것이다(하이에크는 판례가 쌓여 만들어진 영국의 관습법[45]을 염두에 두었다).

입법부는 스스로 예측 가능한 특정 결과를 유도하는 법률을 만들려고 해서는 안 된다. 일반 규칙만이 법률로써 적용될 수 있는 것이다. 특정한 사람을 공격하는 법을 만드는 등 인위적인 질서를 형성하려 해서는 더더욱 안 된다.

하이에크는 보수주의자가 아니다

오랜 세월 동안 형성된 전통과 관습을 존중하는 하이에크의 태도, 그리고 머리로 세상을 개혁하려 들지 말라는 그의 태도는

---

45 1066년, 첫 왕조인 노르만 왕조가 세워졌을 때 영국에는 부락마다 다른 규칙과 관습이 있었다. 그래서 초대 왕 윌리엄은 법을 통일할 목적으로 왕의 법정(King's Court)에서 진행된 모든 재판 기록을 한데 모았다. 그 결과 12세기경에는 통합된 과거 판례들이 자연스레 전 영국에 공통으로 적용되는 법이 되었고, 판례에 따라 판결을 내린다는 영국 사법부의 원칙이 확립되었다.

얼핏 보수주의conservatism자처럼 보이게도 한다. 그러나 하이에크는 "나는 보수주의자가 아니다"라고 단언했다. "보수주의란 단순히 무언가 바꾸기를 두려워하는 성향에 불과하다. 보수주의자에게는 아무 원칙도 없다"라며 보수주의를 부정한 것이다.

현실에 적응하기 위해 무언가를 바꾸어야 하는 상황에 처했을 때 보수주의자는 변화를 두려워해 과거의 방식만을 고집한다. 그러나 하이에크는 자신은 그렇지 않다고 주장했다. 자생적으로 형성된 '법 원칙'을 갖고 있으면 그것에 따라 변화하는 현실에 유연히 적응해야 한다는 것이다.

그의 의도를 더 구체적으로 해석해보면 이렇다. "'각자의 사유재산권의 보장, 계약의 이행, 누구나 참여할 수 있는 자유경쟁 유지'라는 시장경제의 핵심 규칙을 지키는 것이 무엇보다 중요하다. 그러므로 현실이 시시각각 변해도 그 원칙에 따르는 방식으로 규칙을 다양하게 수정해나갈 수 있다." 하이에크의 이런 생각은 분명 변화를 싫어하는 보수주의와는 다르다.

그렇다면 하이에크를 평가할 때 주목할 점은 그가 '이것만은 양보할 수 없다'고 내세웠던 핵심, 즉 사유재산권, 계약의 이행, 자유경쟁이 과연 타당한가 하는 것이다. 그럼 하이에크에 대한 케인스의 평가를 소개하며 그 세 가지 핵심의 타당성을 따져보도록 하겠다.

케인스는 하이에크의 《노예의 길》을
어떻게 평가했을까?

자유방임을 부정한 케인스와 완전한 자유경제를 옹호한 하이에크는 이론 면이나 정책 면에서 물과 기름처럼 서로 섞이지 않을 것 같아 보일 것이다. 그러나 흥미롭게도 《노예의 길》을 읽은 케인스는 하이에크에게 편지를 써서 다음과 같이 호의적인 평가를 전했다.

항해 중에 당신의 저서를 읽을 기회가 있었습니다. 사견에 따르면 이것은 당당한 작품입니다. 열심히 말해야 할 것을 당신이 멋지게 말해 준 데 대해 우리 모두 깊이 감사하고 있습니다. 귀한 저서의 경제적 견해를 제가 전부 받아들이리라고는 당신도 생각하지 않겠지요. 그러나 도덕적인 면, 철학적인 면에서는 거의 완전히 동의합니다. 이것은 단순한 동의가 아니라 깊은 감명을 동반한 동의입니다.

… 당신은 [경제의 계획화, 즉 정부의 정책과 제도 설계에 극도로 회의적이라서] 사람이 계획화의 방향으로 한 발자국이라도 움직이면 결국 낭떠러지에 이르는 미끄러운 내리막길에 서고 만다[전체주의나 사회주의 계획경제를 택한 나라들처럼 자유 없는 사회로 변하고 만다]고 주장했습니다. … [그러나 이것은 필요한 만큼만 계획화

해야 한다는 실제적인 문제에 대한 신중한 결론이 아닙니다.]

그러므로 당신의 견해에 관해 저는 다른 결론을 내리겠습니다. 우리가 원하는 것은 무계획도, 수준 낮은 계획도 아닙니다. 우리는 매우 수준 높은 계획을 원하고 있습니다. 그러나 그 계획은 되도록 많은 사람－지도자와 추종자 쌍방－이 당신의 도덕적 입장을 완전히 공유하는 사회 안에서 이루어져야 합니다. 만약 이런 일을 실행하려는 사람들이 도덕적 문제를 올바른 정신과 태도로 대한다면 온건한 계획화는 안전할 것입니다.

… 우리가 필요로 하는 것은 적절한 도덕적 사고방식의 회복, 우리 사회 철학의 적정한 도덕적 가치관으로의 회귀입니다. 만약 당신의 주장을 그쪽으로 틀 수 있다면 주변에서는 당신을 돈키호테로 보지 않을 것이고, 당신 자신도 그럴 것입니다. 당신은 도덕적 문제와 물질적 문제를 약간 혼동하는 것 같습니다. 당신이 위험하다고 생각하는 행위도, 올바르게 생각하고 올바르게 느낄 수 있는 사회에서라면 안전하게 이루어질 것입니다. 그러나 만약 잘못 생각하고 잘못 느끼는 사람들이 계획을 세운다면 그야말로 지옥문이 열리게 될 것입니다.

_케인스가 하이에크에게 보낸 편지, 1944년 6월 28일

이 편지에 드러난 케인스의 의도는 이런 것이 아닐까?
자유시장경제를 건전하게 기능시키기 위해 올바른 도덕적

가치관이 반드시 필요하다는 하이에크의 주장은 지당하다. 그것은 시장의 '좋은 돈벌이'를 긍정하는 애덤 스미스의 정신과 합치한다. 우리는 공정경쟁의 장에서 고객을 기쁘게 하여 돈을 벌어야 하고 또 자산을 유용한 사업에 투자하여 돈을 벌어야 한다. 사람들은 그런 의미의 자유경쟁 하에 '좋은 돈벌이'를 추구하는 정신을 길러야 한다. 정부에 의존해 편하게 지내려 해서는 안 되고, 정부도 시장의 경제질서를 무시하고 정책을 설계하려 해선 안 된다. 어디에 어떤 아이디어가 있을지 모르니 누구에게나 자유로운 기회가 주어지는 곳인 시장을 중시해야 한다.

여기까지는 케인스도 하이에크에게 완전히 동의한다. 그러나 그다음부터는 평가가 달라진다.

사유재산권을 중시하는 고전적 자유주의(하이에크의 사상)를 택함으로써 올바른 도덕적 가치관(공정한 자유경쟁 정신)을 지킬 수 있다는 생각은 틀렸다. 사유재산권자는 이미 경제의 주역이 아니다. 오히려 사유재산권자의 이기심이 공정한 정신과 사회 전체 부의 증진을 저해하는 부작용을 일으키고 있다. 그러므로 자유롭게 돈을 벌 기회를 누구에게나 보장하기 위해서는 사유재산권자의 자유(부를 가진 자가 금융 소득을 벌어들일 자유)가 아니라 부를 활용하는 자의 자유가 중요하다. 또 이 목적을 실현하기 위해서는 시장을 완전히 바꿔놓을 대담한 계획이 필요하다. 물론 계획하는 사람과 기업은 그것이 '좋은 돈벌이를 촉진하기 위한 일'임을 이해해야 한다. 그것이 재산을 가졌든 못 가졌든, 특별한 재능이 있든 없든, 각자의 노력이 제대로 평가받고 상호 공감하여 경제활동을 뒷받침하도록 만들기 위한 계획, 즉 많은 사람이 활약할 만한 바람직한 시장 질서를 만들기 위한 계획임을 모두가 이해해야만 앞으로 그 '계획'이 성공할 수 있다는 말이다. 만약 이런 올바른 도덕적 가치관을 갖지 못한 사람들이 계획을 시행한다면 그 계획자는 앞서 말한 조건을 갖추기는커녕 시장을 제쳐놓고 질서를 설계하려 할 것이다. 또 기업은 정부 계획을 활용하여 이익을 내기 위해 정치가, 관료와 유착 관계를 만들어내려 애쓸 것이다. 그것이야말로 시장경제의 근간을 뒤흔드는 무서운 일이다. 그 점은 나도 잘 알고 있다. 그래서 하이에크에게 '깊이 감명을 받은 동의'를 표명한다.

아마 이것이 케인스의 속마음일 것이다.

하이에크의 사유재산권의 절대성

하이에크는 개인이 자신의 재산을 걸고 자신의 지식을 활용하는 일이야말로 가장 질 높은 경제활동이라고 생각했다. 그러므로 개인의 재산과 생업을 보장하는 일(사유재산권 보장), 그리고 대등한 기회를 보장해 자유경쟁을 유지하는 일이야말로 가장 중요한 과제인 것이다. 현실이 어지럽게 바뀌어도 이 원칙이 지켜지는 테두리 내에서 법 제도를 손질하면 변화에 적응할 수 있다는 것이 하이에크의 생각이다. 이 생각은 그의 '주식회사'에 대한 주장에서 잘 드러나 있다.

> 회사법의 유한 책임이 독점을 크게 부추긴 것은 틀림없는 사실이다. 또 특권을 부여하는 특별한 입법[유한 책임제] 때문에 회사 자체보다 회사 관계자들, 그리고 기술적 조건으로 정당성을 부여받은 기업들이 덩치를 키우기가 쉬워진 것에도 의심의 여지가 없다. … 회사를 법인[46]으로 인정함으로써, 기업은 자연인이 가진 모든 권리를 자동으로 부여받았다. [그러나 법인을 그렇게 취급해서는 안 되었다.] 개별 기업이 무한히 성장하는 것을 막기 위해 회사법을 설계해야 한다는 주장은 정당해 보인다.
>
> _프리드리히 하이에크, 〈자유 기업과 경쟁적 질서〉, 《개인주의와 경제 질서》

하이에크는 이처럼 '대규모 주식회사'를 개인 기반의 경쟁이

---

46 法人. 자연인 이외에 법률상 권리·의무의 주체가 되는 자를 일컫는다.

이루어지는 장으로서의 시장 – 하이에크가 그리는 시장 질서 – 에서 벗어난 존재로 이해했다. 그래서 개인에 대해서는 경제적 자유를 인정하면서 대규모 주식회사에 대해서는 다른 태도를 취했다. 개인과 무관한 '조직'이라는 존재를 부정하고 어디까지나 사유재산을 걸고 도전하는 개인만을 긍정한 것이다.

주식회사가 개인의 이익을 해치지 않기 위해서는 회사가 개별 주주(소유자)의 수중에 있어야 한다. 그래서 하이에크는 주식회사의 이윤을 배당할지, 내부에 유보할지 결정하는 일을 개별 주주에게 맡겨야 한다고 주장했다(모든 주주가 주주총회의 결정을 따르는 것이 아니라 20퍼센트를 보유한 주주가 이윤의 20퍼센트에 대한 결정을 내릴 수 있는 형태). 하이에크는 회사, 즉 법인이 개인 주주와 무관한 사회적 존재가 되는 것을 철저히 반대한 셈이다. 하이에크에게는 '사유재산권자가 개인의 의사로 경제를 움직여야 한다'는 원칙이 절대적이었다.

스미스 이후 경제학의 흐름을 살펴본 우리는 하이에크의 주장을 다음과 같이 평가할 수 있을 것이다. 개인이 자신의 사유재산을 걸고 돈벌이를 모색하고 도전해야 한다는 하이에크의 말은 스미스의 '노력의 등가 교환 경제'와 일맥상통한다. 자본을 활용한다 하더라도 자신의 지식을 살려 사업을 해야 한다는 것이다. 그러나 그런 '개인을 기반으로 하는 경쟁 경제'는 이념적인 존재여서 적어도 19세기 이후에는 현실적 타당성을 잃어버리게 되었다. 경제학은 이러한 현실, 즉 자본주의 경제라는 현실을 마주해왔다.

밀과 마셜은 자본주의 체제 안에서 자본이 이윤 획득 기계로 전락하는 것을 방지하고 모든 구성원의 공정한 활동을 지원하며 사회 전체의 부(富)를 촉진할 방책을 제시하려 했다. 케인스는 자본 소유자의 활동이 이윤 획득 기계가 되는 현상과 실질적인 자본 운영자가 소유자와 멀어지는 현상을 증거로 들어 소유자가 주도하는 경제 원칙이 잘못되었다고 주장했으며 실질적인 운영자의 활약을 뒷받침하는 새로운 경제 구조를 만들어야 한다고 호소했다. 마르크스도 자본주의 경제하에 사람들이 자본을 사유함으로써 사회성을 무시한 이기적인 돈벌이가 성행하는 것을 문제 삼고, 사유를 넘어선 'individual한 소유'를 지향했다. 이들 경제학자가 자본주의 경제체제를 바꾸려고 노력하는 모습을 보인 반면, 하이에크는 자본주의라는 현실에서 도피하려는 것처럼 보인다. 그럼에도 하이에크는 사유재산권을 고집한다. 사유를 떠나 '개인의 것이면서 모두의 것'이라는 관점, 즉 소유권자라도 사회적 책임하에 자신의 부를 사용해야 한다는 관점을 거부했던 것이다.

끝으로 하이에크가 '기업의 사회적 책임'을 부정하면서 했던 말을 소개하며 이 장을 마치겠다.

만약 기업의 영향력을 유익한 범위 내에서 효과적으로 억제하고 싶다면, 기업의 활동을 이전보다 엄격히 제한하여 주주가 경영자에게 맡긴 과제, 즉 '자본을 효과적으로 활용한다'는 과제에 전념하도록 해야 한다. 기업이 투자 대비 수익을 장기적으로 극대화하는 것 이외의 특정한 목적을 위해 자본을 사용하도록 허락하고 심지어 그것을 강제하기까지 하는 지금의 경향은 극히 위험하며 사회에 부정적인 영향을 미친다. 더군다나 최근 유행하는 '사회적 배려'에 기초하여 경영 방침을 도출해야 한다는 의견은 바람직하지 않은 결과를 낳을 가능성이 높다.

_프리드리히 하이에크, 《민주주의 사회의 기업-누구의 이익을 위해?》[47],
《경제학 논집》[48], 하이에크 전집 제2기 제6권

하이에크가 생각하는 '자유와 책임'이란 무엇일까? 그것은 자신의 사유재산을 투자하여 자유롭게 도전하고 실패하더라도 손실을 순순히 받아들이는 태도다. 나는 이것이 현대 사회에 어

47　Friedrich Hayek, *The Corporation in a Democratic. Society: In Whose Interest Ought. It To and Will It Be Run?*, Routledge & Kegan Paul, 1967.

48　Friedrich Hayek, *New studies in philosophy, politics, economics, and the history of ideas*, University of Chicago Press, 1978.

사유재산권의 절대성

울리지 않는 생각이라고 생각한다. 밀, 마셜, 케인스, 마르크스가 자본주의와 벌였던 투쟁의 방향성을 생각하면 부를 위탁하여 사람들의 활약을 확대할 자유, 그리고 위탁받은 부에 따르는 사회적 책임을 강조하는 쪽에 더 밝은 미래가 있을 것이다.

제6장

시장주의의
선동자

밀턴 프리드먼
Milton Friedman

현실정치와 주도권

하이에크는 사유재산권과 경제적 자유에 관한 원칙을 지켜야 재산을 건 경제적 도전을 최대화할 수 있고 분산된 지식 활용을 촉진할 수 있다고 주장했다. 그러나 현실적으로 부(副)가 창출되는 현장은 소유자에게서 너무 멀리 떨어져 있다. 정작 지식을 창조하고 활용하는 주체는 회사에서 능력과 노하우를 익혀 서로 협력하며 목표를 달성하는 평범한 노동자들이기 때문이다. 게다가 마셜의 말을 빌리자면 의욕이나 활기처럼 누구의 것이라고 할 수 없는 생산요소인 '조직'이야말로 부를 창출하는 현장이라 할 수 있다.

물론 현대에는 개인 사업주로도 활약하고, 소유자로서 큰 사업을 경영하는 사람도 있다. 그러나 그것은 부를 창조하는 사람의 일부이지 전부가 아니다. '조직', 즉 직접적인 경제활동을 하는 수많은 못 가진 자의 행위를 경시하다 보면 사람이 떠받치고 있는 현대 경제 — 사람이 노동 현장의 단순한 톱니바퀴가 아니게 된 — 의 본질을 놓치게 된다. 그런 의미에서 소유자를 주역으로 삼은 하이에크를 경제사상사의 본류가 아니라고 평가한 것이다.

그러면 현대 경제학의 최전방에서는 경제사상사의 본류가 어느 쪽으로 흐르고 있을까? 다음 장에서는 현대의 조직 경제학을 다루고자 하는데, 거기서도 경제활동의 주축이 소유자에서 멀어져 버린 현실을 직시하고자 한다. 그러나 경제학이라는 학문의 큰 흐름과 현실정치를 움직이는 힘은 별개로 봐야 한다. 1980년대부터 현재에 이르기까지 현실정치를 움직이는 힘의 주도권은 하이에크와 밀턴 프리드먼^{Milton Friedman}으로 대표되는 자유주의 경제학 쪽으로 기울어져 있다.

그러므로 이번 장에서는 프리드먼의 경제사상을 평가해보도록 하겠다. 물론 프리드먼 역시 앞에서 소개한 하이에크와 마찬가지로 경제사상사의 본류가 아닌 지류로 평가받고 있다.

정부가 하는 일은 악, 시장이 하는 일은 선

경제학자 프리드먼에 대한 평가는 극단적으로 나뉜다. 매우 높게 평가하는 사람도 있고 상당히 낮게 평가하는 사람도 있다. 소비 함수에 관한 실증적 연구 등의 학문적 업적을 평가하느냐, 자유주의 쪽으로 현실경제를 움직인 영향력을 평가하느냐에 따라 평가가 엇갈리기 때문이다. 여기서는 사상사적으로 프리드먼을 평가하고자 하므로, 현실을 변화시킨 사상의 내용에 초점을 맞추어 그를 살펴보겠다.

현실정치를 변화시키려 할 때면 사상은 단순화되기 마련이다. 그런 경향은 하이에크보다 프리드먼에게서 현격히 드러난다. 프리드먼은 정부가 개입하여 세상을 더 나은 곳으로 만들어야 한다는 사상에 반대하기 위해 '정부가 하는 일은 악, 시장이 하는 일은 선'이라는 단순한 주장을 전개했다. 여기서는 이 단순한 주장을 '시장주의'라고 부르겠다.

시장주의는 단언컨대 얄팍한 사상이다. 앞서 프리드먼의 사상을 내용에 따라 평가하고 싶다고 말했지만, 사실은 내용이라 할 만한 것도 별로 없다. 그러나 그 단순한 사고방식이 현실경제를 움직였다. 그리고 일반인의 상식까지 바꿔놓았다. 그래서 이번 장에서는 프리드먼의 시장주의가 얼마나 얄팍한지, 그리고 그것이 얼마나 문제의 본질을 외면하고 있는지를 밝히려 한다.

현실정치는 얄팍한 사상으로 움직인다

'국가개입주의'를 무너뜨린 시장주의가 얄팍한 사상이라고 말했는데, 사실은 무너진 '국가개입주의' 역시 문제가 많은 얄팍한 사상이었다. 현실정치를 움직이는 것은 언제나 학문적인 근거를 갖춘 사상이 아니라 단순하고 얄팍한 사상이다.

‘국가개입주의’는 제2차 세계대전 후 현실정치의 주도권을 쥐게 되었다. 사람들이 이미 세계 대공황과 전쟁 중에 관리형 경제를 체험한 후여서 ‘시장이 적절히 기능하려면 정부가 적극적으로 개입해야 한다’라는 주장은 쉽게 받아들여졌다. 그래서 사회보장제도가 정비, 확충되고, 고용을 보장하는 노동정책과 총수요정책이 실시되었으며, 공공이익을 저해하는 독점, 경쟁, 투기 등을 규제하는 법이 다수 만들어졌다. 이런 제도와 정책이 존재하는 국가들은 ‘케인스주의 복지국가’로 불렸으며, 그 경제체제는 사회주의 계획경제도, 약육강식의 자유방임주의 경제도 아닌 새로운 국가경제 모델로 정착하게 되었다.

이런 제도와 정책 덕분에 사람들의 잠재력이 이전보다 많이 발휘된 것은 틀림없는 사실이다. 제2차 세계대전 후 자본주의를 채택했던 나라들도 고성장, 저실업률, 낮은 인플레이션이라는 최고의 실적을 거두며 자본주의의 황금시대를 열어갔다. 소득격차가 줄어들고 중산층이 두터워진 것만 보아도 새로운 제도, 정책이 사람들의 잠재력을 이끌어내는 데 적합하다는 사실을 알 수 있다. 그러나 이런 성공도 1970년대가 되자 끝이 난다. 석유파동을 계기로 인플레이션이 심해진 동시에 실업률이 높아지는 스태그플레이션이 일어났던 것이다.

이 케인스주의 복지국가의 위기를 보는 관점은 둘로 나뉜다.

기회균등, 공평성을 중시하는 관점과 자율경쟁의 효율성(국가 개입의 비효율성)을 중시하는 관점이다. 기회균등과 공평성을 중시하는 사람들은 약자에게 부를 분배하면 성장할 기회가 생긴다는 '케인스주의 복지국가' 이념을 긍정한다. 문제는 성장에 따른 잉여를 사람들에게 분배하는 방식이 관습화된 탓에 기회 보장이라는 이념은 온데간데없이 국가가 자신의 이해 집단을 납득시키는 것에만 급급해졌다는 것이다. 자원이 획일적으로 분배되는 데다 약자의 필요가 채워지지도 않지만 국민들이 일단은 전보다 많이 분배받으니 만족한다는, 담합 비슷한 체제가 만들어지는 것이다. 성장률이 저하하자 문제가 표면화되어 이 내실 없는 선심성 분배정책은 즉시 중단되었다. 그렇다면 성장과 선심성 정책에 의존하던 태도를 버리고 기회 보장이라는 이념에 맞는 분배정책을 되살릴 필요가 있지 않겠는가. 이것이 정상적인 사고방식이지만 그 목소리는 작고 또 약했다.

한편, 자유경쟁의 효율성을 중시하는 자유주의적 관점을 취하는 사람들(물론 프리드먼도 여기에 속한다)은 원래부터 '국가개입주의'를 반대했다. 그들은 고용보장, 기회균등, 생활안정을 정부의 힘으로 실현하겠다는 발상 자체를 비판했다. 또한, 이들의 목소리는 크고 강했다.

그들은 주로 '국가개입주의'의 과도함을 공격했다. 원래 정부는 시장을 적절히 기능시키기 위해서만 개입해야 하는데 실제로는 과도하게 개입할 때가 많다. '시장에 맡기는 것은 불안정하고 비효율적이다'라는 선입견 – 시장은 악, 정부는 선 – 이 사람들의 사고를 지배할 때여서 정부(정치가, 관료)가 여기저기 시장경제에 개입했기 때문이다.

'국가개입주의'를 비판하는 자유주의자들의 주장 중 전형적인 것 두 가지만 소개해보겠다.

첫 번째는 정부가 막대한 규제 권한을 쥐고 있으므로 사람들이 그런 상황을 이용해 이익을 얻을 생각으로 정부를 자기편으로 만들려 한다는 것이다. 그런 상황에서는 막후교섭을 위한 헌금이나 뇌물에 많은 돈이 쓰인다. 그뿐만 아니라 경쟁의 승패가 막후에서 갈리므로 좋은 제품을 고객에게 더 싸게 제공하는 사람이 경쟁에서 이기는 공정한 자유경쟁이 왜곡된다는 것이다. 프리드먼과 그의 맹우인 조지 스티글러[49]가 특히 이 점을 강조했다.

두 번째는 '케인스 정책'이라는 미명하에 정부의 재정적자가 허용되므로 재정에 대한 규율이 사라진다는 것이다. 정치가는

---

49 조지 스티글러(George Joseph Stigler, 1911~1991) 미국의 경제학자. 산업 조직론, 정보 경제학, 규제 경제학 발전에 기여하였다. 1982년 '산업 구조·시장 기능, 정부 규제의 원인과 효과'에 관한 선구적인 연구 업적을 인정받아 노벨 경제학상을 받았다.

선거에 당선되기 위해 사람들에게 공적 지출을 약속하기 마련이지만 예산이 유한할 때는 어느 정도 상한을 지키게 된다. 그러나 재정적자를 내도 괜찮다고 생각하면 예산 상한이 없어지므로 공적 지출에 대한 약속을 남발하게 될 것이다. 또 그런 약속은 전체가 아니라 일부의 이해를 만족시켜 표를 얻으려는 수단에 불과하므로 공공의 이익과는 관계가 없으며 낭비가 많아지게 된다. 게다가 정치가는 정부의 지출 규모를 한없이 키우고 싶어 하면서도 선거에 미칠 영향을 생각하여 증세는 꺼린다. 결국 타성으로 쓸데없는 정부 지출을 일삼게 되어 국채만 점점 늘어나는 것이다. 뷰캐넌[50]도 이런 생각에 기초하여 케인스주의를 비판하고 공공선택이론을 주장했다.

이처럼 '국가개입주의'라는 얄팍한 사상이 초래한 과도함을 비판하는 일은 의미가 있었다. 게다가 그 비판 자체도 타당한 면이 있었다. 그러나 이 비판은 시장주의라는 얄팍한 사상을 대안으로 제시했다. '시장은 악, 정부는 선'이라는 사상을 무너뜨리기 위해 '시장은 선, 정부는 악'이라는 정반대의 사상을 내세운 것이다. 그 대표적인 경제사상가 프리드먼이다.

50　제임스 뷰캐넌(James McGill Buchanan, 1919~2013) 미국의 경제학자. 1986년 '공공선택이론'으로 노벨 경제학상을 받았다. 공공선택이론이란 공공 부문의 의사결정에 대해서 경제학의 기본 원리와 분석 도구를 응용한 이론이다.

밀턴 프리드먼
Milton Friedman
(1912~2006)

현실을 변화시키고 싶다면 이처럼 사상을 단순화시키는 것도 좋은 방법인지 모른다. 그러나 시장주의는 이 책에서 거듭 언급한 경제학사의 큰 방향성을 덮어버린다는 점, 즉 그 방향성을 만들어낸 현실을 보이지 않게 만든다는 점에서 극히 위험하다.

밀턴 프리드먼의 생애

밀턴 프리드먼은 1912년 미국 뉴욕 브루클린에서 태어났다. 그의 양친은 우크라이나 서부(당시 헝가리 영토) 출신의 유대계 이민자로, 다른 많은 이민자들처럼 매우 가난했다. 그래도 프리드먼은 1928년에 장학금을 받고 러트거스 대학에 입학하여 경제학을 공부하다가 1932년에 시카고 대학 대학원에 진학했다. 당시 시카고 대학에는 프랭크 나이트[51]와 제이콥 바이너[52] 등 유명한 경제학자들이 있었다. 프리드먼은 콜롬비아 대학에서 1년간 근무한 후 시카고 대학 연구 조수가 되었으며, 당시 대학원

---

51 프랭크 나이트(Frank Hyneman Knight, 1885~1972) 미국의 경제학자·사회 철학자. 순수 이론 경제학을 만든 사람이자 시카고학파를 창설한 사람 중 한 명이다.

52 제이콥 바이너(Jacob Viner, 1892~1970) 캐나다의 경제학자. 국제무역이론과 경제사상사가 전문 분야지만 그 외에 순수이론 논문도 썼다. 각국 무역수지 불균형을 개선하기 위해 변동 환율 상장제의 정당성을 이론적으로 증명한 것으로도 유명하다.

생이었던 스티글러를 만나 평생의 친구가 된다. 제2차 세계대전 때는 정부에 소속되어 일하다가 1945년에 스티글러가 있는 미네소타 대학에 교원 자리를 얻어 일했고, 1946년에는 다시 시카고 대학으로 돌아왔다. 그리고 1947년에는 자유주의를 지키려는 지식인 단체 몽펠르랭 협회 창설 회합에 참여했다. 그리고 1958년에 시카고로 돌아온 스티글러와 함께 자유주의적 색채가 강한 '시카고학파'를 창설했다. 1976년에는 '소비 분석, 화폐의 역사 및 화폐 이론에 관한 성과와 안정정책의 복잡성을 밝힌 업적'을 인정받아 노벨 경제학상을 수상했다. 1977년에 시카고 대학을 정년퇴직하였고, 그 후 2006년 사망할 때까지 후버 연구소[53]의 상급 연구원으로 일했다.

시장주의를 선동한 '통화주의'

프리드먼의 가장 유명한 업적은 '통화주의'라고 불리는 정책을 제안한 것이다. 그는 재량적 거시경제정책을 주장하는 케인

---

53 Hoover Institution. 국제 현안과 국내외 정치·경제 문제를 심도 있게 분석하는 공공정책 전문연구기관이자 도서관. 미국 제31대 대통령인 허버트 후버(Herbert Clark Hoover)가 1919년에 설립했으며 미국 스탠퍼드 대학교 내에 있다. 후버 대통령, 제1차 세계대전, 제2차 세계대전과 관련된 상당수의 기록 자료를 소장하고 있다.

스주의자(중심인물은 새뮤얼슨)들을 비판하고 규칙에 기초한 엄격한 화폐공급정책을 제안했다. 경제는 그냥 내버려 두어도 자원을 거의 완전히 이용하는 상태가 된다는 신고전파의 '수급균형이론', 그리고 화폐량과 물가 수준이 장기적으로는 비례한다는 '화폐수량설'이 이 주장의 근거가 되었다. 즉, 시장경제에는 자율조정 기능이 있으므로 화폐 공급량이 너무 늘어나지 않도록 주의하여 물가를 안정시키기만 하면 된다는 것이 '통화주의'다. 케인스주의자처럼 실업률을 내리려고 금융 완화를 연발하면 인플레이션이라는 물가 불안정 상태가 초래되고, 경제의 자율적 기능이 손상될 것이며, 한편 1930년대의 대불황 때처럼 화폐 공급이 불충분하면 디플레이션이라는 물가가 불안정한 상황이 초래되어 계획에 실패하게 된다. 그래서 중앙은행이 규칙에 따라 화폐를 안정적으로 공급하는 것이 무엇보다 중요하다. 이것이 프리드먼의 주장이다.

프리드먼의 이 주장은 경제이론이라기보다 시장의 힘을 믿는, 혹은 정부의 능력을 믿지 않는 사람들의 신조 같은 것으로, 그다지 설득력이 강하지는 않다. 이들은 실제로 케인스주의가 전성기였을 때는 기묘한 말을 해대는 소수파 취급을 받았다. 그러나 1960년대 후반부터 인플레이션이 가속화되어 1970년대에 인플레이션 비율이 상당히 높아지고, 1973년 석유파동 후 인플레이션과 실업률 상승이 동시에 일어나는 스태그플레이션이 발생하자 케인스주의의 정책적 신뢰가 땅에 떨어지고 말았다. 그리고 1981년, 결국 레이건 정권부터 통화주의가 정책 지침으로 채용되었다.

이리하여 제2차 세계대전 후 사회의 주류를 이루었던 케인스주의는 1980년대에 자신의 자리를 통화주의에 내줄 수밖에 없게 되었다. 사회적 주도권이 국가개입주의로부터 시장주의로 옮겨간 것이다. 얄팍한 사상인 시장주의(시장은 선, 정부는 악)가 얄팍한 사상인 국가개입주의(시장은 악, 정부는 선)를 무찌른 것이다. 국가개입주의에도 앞서 말했던 문제 - 정·관·재계의 유착 가능성과 정치적 의사결정의 비효율성 - 가 많았으므로 비판받아 마땅한 측면이 있었다. 그러나 정치를 움직여 나쁜 점을 개선하려는 세력으로서는 냉정하게 비판하기보다 얄팍한 사상으로 대중을 선동하는 편이 더 쉬울 것이다. 그래서 프리드먼은 스스로 나서서 시장주의의 선동자가 되었다.

시장주의로 보는 차별 문제

시장은 선, 정부는 악으로 보는 시장주의는 대단히 명쾌하다.

물론, 시장이 자동으로 문제를 해결한다는 이론도 경제학의 일부이기는 하다. 정부가 문제를 제대로 해결하지 못한다는 증거 사례도 얼마든지 들 수 있다. 그래서 이 두 사실을 조합해 시장주의가 모든 문제를 해결한다는 결론을 내리기 쉽다. 그러나 그것은 위험한 선전, 선동일 뿐이다. 그 점을 이해하기 위해 프리드먼이 《자본주의와 자유》(*Capitalism and Freedom*, 1962)에서 차별 문제에 대해 했던 말을 인용해보자.

프리드먼은 자유경쟁 시장이야말로 차별 문제를 해소할 수 있는 길이라고 말했다. 그에 따르면, 인종이나 종교에 따라 특정한 집단이 경제적으로 불리한 대우를 받는 문제는 옛날부터 있어왔지만 자본주의의 발전과 함께 그런 문제는 상당히 해결되었다는 것이다. 그래서 돈벌이를 추구하는 시장에서 문제가 되는 개인의 속성은 오직 생산성에 관한 부분뿐이다. 주인이 어떤 종교를 믿든, 싸고 좋은 제품과 서비스를 제공하는 가게는 번창하고 그렇지 않은 가게는 망한다. 또 회사가 사원을 고용할 때도 흑인이 백인보다 능력이 뛰어나다면 누구나 흑인을 고용할 것이다. 고용자가 상업 경쟁에 참여하는 이상 당연한 일이다. 만약 능력이 열등한 백인을 고용하는 사업주가 있다면 차별 없이 능력만 보고 채용하는 다른 사업주와의 경쟁에서 뒤처질 것이다. 이처럼 자유경쟁 시장이 기능하면 차별이 없어진다는 것이 프리드먼의 주장이다.

 얼핏 들으면 이 주장이 맞는 것처럼 느껴진다는 것이 시장주의의 무서운 맹점이다. 그러나 이 주장은 진짜 정보를 아는 사람이 정보를 모르는 사람 또는 편견 때문에 진짜 정보를 알려고 하지 않는 사람보다 경제적 경쟁에 유리하다는 이야기에 불과하다. 사원을 고용하는 경우를 생각해보자. 보통은 상대의 능력을 직접적으로 판단하기란 쉽지 않다. 그럴 경우 그 사람이 속한 집단의 평균을 참고하여 판단하는 방법을 쓴다. 흑인의 평균적 능력이 백인보다 낮다면 흑인 집단에 속한 사람이 차별대우를 받을 것이다. 요컨대 프리드먼으로서는 수많은 고용주가 이런 통계적 차별을 일상적으로 행하고 있을 때 '그건 편견이니 그러지 않는 게 좋겠다'라고 말하는 게 고작일 뿐이다. 그의 말을 인용해보자.

 피부색이나 부모의 종교가 사람을 좋아하게 되거나 싫어하게 되는 이유여서는 안 된다. 사람은 외면적인 특징이 아닌 인격과 행동으로 판단 받아야 한다고 굳게 믿는다. 이 점에서 나와 의견이 일치하지 않는 사람이 있음을 나도 알고 있다. 내가 보기에 그들의 의견은 좁은 도량에서 나온 편견으로, 참으로 한탄스럽고 경멸스럽기 짝이 없다. 그러나 언론의 자유 위에 성립된 사회에서 내가 해야 할 일은 '그 의견은 좋지 않으니 생각을 바꾸고 행동을 바꾸면 어떨까?'라고 설득하며 노력하는 것이다. 내 의견을 무리하게 밀어붙이는 것이 아니다.

_밀턴 프리드먼, 《자본주의와 자유》 제7장

요컨대 차별적 의견을 가질 자유를 존중할 뿐 아무 행동도 하지 말라는 것이다. 프리드먼을 인종차별 옹호론자로 비판하려는 것이 아니다. 여기서 강조하고 싶은 것은 프리드먼이 사람들에게 시장주의가 차별 문제를 해결해주는 듯한 환상을 심어준다는 사실이다.

예를 들어 '완전정보시장'이라는 이상향에 대해 말하자면, 어떤 현실도 이상향이 되지 못했다는 것, 즉 현실과 이상 사이에 거리가 있다는 점을 지적할 수 있다. 그러면 시장주의가 또 문제를 단칼에 해결할 것이다. 시장이 활성화될수록 그 거리가 줄어든다고 주장하면 그만이기 때문이다. 해결할 수 없는 문제를 흡사 해결할 수 있는 것처럼 주장하는 것, 그것이 시장주의가 위험한 점이다.

'회사 지상주의'에 대한 처방전

무엇이든 해결할 수 있는 시장주의 관점에서 '회사 지상주

208
제6장 밀턴 프리드먼

의'에 대한 처방전을 써보자.

회사 지상주의란 정사원으로 일하는 노동자가 회사에 지극정성 충성을 바치고, 회사는 그에게 몸을 희생해가며 일하라고 강요하는 것이다. 과다한 양의 업무를 처리하다 보니 장시간 노동은 일상이 된다. 게다가 회사를 위해 야근수당을 청구하지 않는 것이 관행이 된 곳도 있다. 회사를 위해 분골쇄신하여 일하는 사람은 두터운 신임을 얻어 출세가도를 달리게 되고, 그렇지 않은 사람은 능력을 성장시킬 만큼 중요한 일을 맡지 못한다. 업무 내용도 근무지도 회사의 명령에 의해 결정되기 때문이다. 회사가 자신을 어떻게 평가하느냐는 철저하게 기밀에 부쳐지기 때문에 회사는 노동자에게 절대적인 지배력을 행사할 수 있다. 조금이라도 자부심을 갖고 일하고 싶다면 회사의 전인적 평가 기준에 따르는 수밖에 없으므로 솔선수범하여 '회사를 위하여'를 신조로 삼게 된다. 게다가 도덕성과 책임감이 강한 사람일수록 '회사를 위해'라는 마음이 강하고 자신의 건강, 가족, 혹은 고객과 사회를 희생시키기 쉽다. 이것이 회사 지상주의의 문제점이다.

특히 일본 특유의 고용제도에서 회사 지상주의의 원인을 찾을 수 있다. 일본 기업들은 업무 내용을 정해놓고 고용계약을 맺는 직무형 고용이 아니라 업무 내용을 정하지 않은 채 회사의 일원이 되는 소속형 고용을 택하고 있다. 회사의 정사원은 회사의 지배에 복종하는 방식으로 일을 하는 대신 정년을 보장받고 연공서열에 따라 승급하는 혜택을 받게 되는 것이다.

그렇다면 시장주의는 이와 같은 회사 중심적 노동 방식(소속형 고용)에 대해 어떤 처방을 내릴까? 사실 그 답은 언제나 '시장을 기능시켜라'다. 회사의 지배를 받는 게 싫은 사람은 회사를 그만두면 된다. 그러나 요즘은 회사에 고용되어 그런대로 돈을 벌 수 있는 일자리가 별로 없는 탓에 이직할 곳을 찾지 못해 직장을 그만두지 못한다. 그렇다면 모든 기업이 소속형 고용을 중단하고 노동시장을 유동화하면 되지 않겠는가. 회사는 사원의 고용을 보장하지 않고 적당한 조건으로 해고할 수 있도록 하고, 그 대신 노동자도 자유롭게 이직할 수 있도록 하는 것이다. 그러면 회사의 과도한 지배가 없어질 것이다. 회사가 노동자를 지배하고 싶어도 입사 지원자가 없다면 경쟁에서 살아남지 못할 것이다. 따라서 자유경쟁이야말로 모든 문제를 해결할 수 있다. 이것이 시장주의의 처방전이다.

이 처방전이 완전히 거짓이라고는 말하지 않겠다. 또 아무리 시장주의가 단순한 사고로부터 나왔다 해도 노동자를 무조건 자유 시장에 밀어 넣으라고 말하는 것 또한 아니다. 시장주의자들도 노동시장의 유동성을 적절한 수준으로 유지하기 위해서는 노동자의 업무능력을 객관적으로 평가할 필요가 있다는 사실을 인정한다. 그들 말대로 회사가 업무능력 평가 결과를 기밀에 부치지 않고 객관화하는 것이 회사 지상주의 문제를 해결하는 하나의 방법이 될 수 있다. 즉 노동시장의 유동화와 노동시장의 직무주선을 위한 업무능력 객관화가 효과적인 해결책의 일부분이 될 수 있을 것이다.

그러나 당연한 말이지만 업무능력 객관화에는 한계가 있다. 객관화하기 어려운 능력도 있고 그 회사 밖에서는 쓸모가 없는 능력도 있기 때문이다. 따라서 업무능력 객관화를 추진하더라도 '이 회사 밖에서도 내 능력에 잘 맞으면서 비슷한 대우를 받을 수 있는 자리를 찾을 수 있다'라고 장담할 수 없다.

업무능력 객관화가 충분한 해답이 되지 못한다면 회사 지상주의 문제를 해결할 수 있는 해답은 과연 무엇일까? 회사가 노동자를 일방적으로 지배하지 못하게 하는 가장 좋은 방법은 노동자와 회사가 서로 교섭하여 노동 방식을 정하는 것이 아닐까 싶다. 조직에 관한 문제를 해결하는 방법으로는 'foot = 회사 나가기'와 'voice = 발언하기' 두 가지가 있다. foot에 대비하기 위한 업무능력 객관화도 중요하지만 이미 말했다시피 그것만으로는 모든 문제가 해결되지 않는다. voice를 통해, 노동자들이 어떻게 일하고 어떻게 평가받기를 원하는지에 대해 논의하고 의견을 모아 최대한 합리적인 노동 형태를 만들어나가는 것이 진정한 해결책이다.

지식을 창조하고 활용하기 위한 필수조건이 '소유자의 아이디어 실현'에서부터 '조직의 협력, 교육 계승, 다양성'으로 바뀌고 있다. 예를 들어, 도요타가 제조업으로 성공한 것은 조직원 사이의 협력에 기초한 개방적 조직 학습이 잘 이루어졌기 때문이다. 도요타에서는 실수가 발생하면 생산 라인을 멈추고 관리자와 작업원이 토론하여 문제점을 해명한다. 이런 조직 간 학습으로 얻은 성과는 어떤 조직원의 업무능력 덕분인지 객관적으로 밝히기가 어렵다. 팀으로 일해본 적이 있는 사람은 (설사 아르바이트 학생이라 해도) 그 사실을 뼈저리게 느낄 것이다. 팀 내에는 경험을 공유하며 배우고, 선후배 사이에 노하우를 계승하고, 서로 다른 생각을 나누며, 협력하여 성과를 내면서도 앞에 나서지 않는 공로자들이 필요하다. 그것은 당연하다. 당연한 이야기지만 그들은 모든 성과를 개개인의 업무능력 결과로 일일이 귀속시키려 하지 않는다. 그렇게 하다가는 팀이 붕괴되기 때문이다.

그런 상황에서 노동자의 자유란 무리하게 업무능력을 객관화하여 '회사를 나갈 수 있는' 조건을 확보하는 것이 아니다. 그것은 자유의 일부에 불과하다. 노동자의 진정한 자유란 어떻게 일하고 어떻게 분배하고 어떤 미래를 그리느냐에 관해 자신의 의지를 반영시킬 방법이 있는가 여부다. 또한 스스로가 win-win

관계를 만들어내는 조직의 일원으로서 역할을 담당할 수 있는 상태가 되는가이다. 개개인이 존중받는 민주주의, 즉 파벌정치나 다수결 정치가 아닌 민주주의야말로 조직 안에서 일하는 인간을 자유롭게 만든다. 마르크스를 소개할 때 언급했던 게르만적 공동체 속의 개인을 떠올리면 이해가 쉬울 것이다.

시장주의는 진짜 자유주의가 아니다

시장주의는 다양한 문제에 있어 foot 처방만을 내리려 한다. 예를 들어 앞에서 말한 회사 지상주의 문제에 대해서는 업무능력을 객관화하여 그 데이터를 자신의 재산으로 만들면 지금 다니는 회사가 아닌 다른 회사에서도 인재로 대접받게 될 테니 회사의 지배에서 벗어날 수 있다고 말한다. 틀린 주장은 아니지만, 시장주의는 모든 자산을 개인의 재산으로 삼고 시장이 그것을 평가한다는 틀을 벗어나지 못한다. 조직이 지식을 창조하고 활용하는 현장이라는 인식이 없으므로 조직 내 민주주의, 즉 voice를 통한 해결책을 내놓지 못하는 것이다.

시장을 만능으로 보는 탓에 민주주의적 관점이 결여됐다는 점 때문에 프랭크 나이트도 프리드먼에 대해 비판적 태도를 취

했다. 시카고 대학에서 프리드먼을 가르쳤던 나이트는 자유주의
자였다. 하이에크가 회장으로 있는 몽펠르랭 협회에서 부회장으
로 일했을 정도니 신념이 확고한 자유주의자라 할 수 있다. 나이
트는 '국가개입주의'가 세력을 떨치는 와중에서도 정부가 경제
에 쉽게 개입하는 것에 회의적인 자세를 취했다. 그런 점에서는
자유경쟁 시장을 중시하고 국가 개입을 싫어하는 시장주의자 프
리드먼과 공통점이 있다 하겠다. 그러나 나이트는 결코 시장 만
능론자는 아니었다. 시장은 이상대로 기능하지 않을 수도 있고,
설사 이상대로 기능한다 해도 인간적 가치관, 즉 윤리적이고 심
미적이며 인간의 능력을 형성하고자 하는 관점에서 보면 그 이
상적인 상태도 반드시 좋지만은 않을 수 있다. 그러므로 자유롭
게 민주주의적 토론을 통해 어떤 가치를 중시할지 합의함으로써
사회를 더 나은 곳으로 변화시켜야 한다는 것이 나이트의 생각
이었다. 사회란 복잡하여 하나하나 개입해서는 개선할 수가 없
기 때문이다. 나이트는 그런 냉정한 판단력을 잃고 무엇이든 개
선할 수 있다는 생각으로 시장에 개입하려는 난폭함을 거세게
비판했다. 나이트 같은 냉정한 지성을 가진 인간들은 민주주의
를 실현하기 어렵다는 사실을 알면서도 희망을 버리지 않았다.
시장주의자 프리드먼과는 그런 점에서 확실히 다르다.

만년의 나이트는 시장주의에 지나치게 치우친 프리드먼과

스티글러를 노골적으로 비판했다고 한다. 실제로 시카고 대학에서 프리드먼과 함께 근무했던 우자와 히로부미[54]가 《베블런[55]》 (*Veblen*, 2000) 제7장 〈리버럴리즘 사상과 경제학〉에 실은 일화를 소개하겠다.

1965년, 나이트의 80세 생일을 축하하는 모임이 시카고 대학에서 열렸다. 거기서 사회를 맡은 스티글러가 프리드먼과 친한 시장주의자들을 차례차례 불러 세워 나이트와 인사를 시켰다. 그런데 그 자리에 와 있던 새뮤얼슨 등 리버럴파—공평한 기회를 중시하고 정부의 적절한 역할을 강조한 사람들—에는 인사를 시키지 않자 분위기가 어색해졌다. 나이트는 시장주의자들이 사상의 원류, 원조라며 자신을 추켜세우는 것에도 불만이 쌓인 듯하다. 그래서인지 모임이 끝날 때 끝인사를 하면서 '나는 이 모임의 성격을 사전에 알지 못했다. 다만 주변 사람들의 움직임을 보고 혹시 내 장례를 준비하는 건가 싶었다'

---

54 우자와 히로부미(宇沢弘文, 1928~2014) 일본의 경제학자. 도쿄 대학 명예 교수. 수학 통계 연구소, 생명보험 회사 등에 근무하다가 스탠퍼드 대학, UC 버클리에서 연구 교육활동을 거쳐 1964년 36세에 시카고 대학 경제학부 교수로 취임하였다. 불균형 동학(動學)을 전개하며 미국의 케인스주의자들에게 도전했다. 시카고 대학에서는 동료였던 밀턴 프리드먼과 격렬하게 대립하였고, 시장 경쟁을 우선시해야 경제가 효율적으로 성장한다는 프리드먼의 주장에 대해 효율만을 중시하는 과도한 시장 경쟁은 격차를 확대시켜 사회를 불안정하게 만든다고 반박했다.

55 소스타인 베블런(Thorstein Bunde Veblen, 1857~1929) 미국의 사회학자이자 사회평론가. 산업정신과 기업정신을 구별하였으며 상층 계급의 과시적 소비를 지적하였다.

라고 말했다고 한다.

또 우자와의 책에는 이런 일화도 나와 있다.

80세 생일 축하 모임 후 한 달 정도 지났을 때의 일로 기억한다. 나이트 교수가 우리를 한데 모아놓고 이렇게 선언했다. "요즘 들어 조지 스티글러와 밀턴 프리드먼의 언동은 지나친 데가 있다. 이 두 사람은 내 첫 학생이지만(둘 다 나이트 교수의 지도를 받아 박사 논문을 썼음) 앞으로는 내 학생이었다고 말하지 말라"고 말이다.

이 이야기의 진위를 문제 삼는 사람도 있지만, 예를 들어 프리드먼은 박사 논문을 나이트 교수가 있는 시카고 대학이 아니라 콜롬비아 대학에서 썼다. 정확한 판단은 나중으로 미루기로 하자. 어쨌든 이런 일이 충분히 일어났을 것이라고 생각한다. 나이트는 프리드먼의 얄팍한 사상, 즉 시장주의에 대해 '그것은 진짜 자유주의가 아니다'라고 말하고 싶었던 것이다.

시장주의는 스미스를 계승한 것이 아니다

'시장은 선, 정부는 악'이라고 주장하는 시장주의는 얄팍한 선동적인 사상이다. 그리고 그 얄팍함을 숨기기 위해 권위 있는 스미스의 사상을 내세운다.

> 애덤 스미스의 통찰의 핵심은 '사람들이 정말로 자발적으로 협동한다면 모든 교환은 당사자 쌍방에 이익을 가져다주는 방식으로 이루어진다'는 것이었다. 다시 말해 모든 사람이 이익을 얻을 수 있으므로 사람들을 협동시키기 위해 외부의 힘이나 강제력을 사용하여 자유를 침해할 필요가 없다는 것이다.
>
> _밀턴 & 로즈 프리드먼, 《선택할 자유》[56]

그러고는 자신만만하게 《국부론》의 '보이지 않는 손'의 한 부분을 인용한다. 자신이 '공공의 이익을 위해 일한다고 거드름 피우는 사람이 정말로 큰 이익을 실현한 사례를 본 적이 없다'는 부분 말이다. '시장은 선, 정부는 악'이라고 규정하는 시장주의는 경제학의 오래된 전통이라고 호소하며, 시대의 문맥도, 경제와

---

56 Milton Friedman & Rose D. Friedman, *Free to Choose*, Harcourt, 1980.

윤리의 관계성도, 그리고 스미스가 생각했던 자본주의의 도덕적 조건과도 무관하게 단순한 시장주의자로 스미스를 갖다 붙인 것이다.

그러나 프리드먼처럼 '시장은 선, 정부는 악'이라고 외치는 것이 정말 스미스를 계승하는 일일까? 그렇지 않다고 생각한다. 스미스의 도덕적 조건이 무너진 현실을 직시하지 않는다면 정말로 스미스를 계승했다고 할 수 없다. 19세기 노동자계급의 빈곤 문제도, 혹은 현대의 저임금 노동자 문제도 '자발적인 교환이니 쌍방이 이득을 보고 있다'고 결론지을 수 있을까? 케인스가 주목했던 금융 문제까지 '임대인과 임차인 사이의 자발적 교환이니, 쌍방이 이득을 보고 있다'고 말하고, 나아가 '그것은 협동이며 서로에게 이익이 되고 있다'고 우길 것인가? 변화하는 현실 속에서 스미스의 도덕적 조건을 다시 갖추려고 노력한 밀, 마셜, 케인스, 마르크스만이 진정한 의미에서 스미스의 정신을 계승한 경제학자라고 생각한다.

그러나 이번 장 첫머리에서 말했듯, 학문으로서 경제학의 큰 흐름과 현실정치를 움직이는 힘은 전혀 별개로 작용한다. 비록 시장주의가 현재까지도 현실정치의 주도권을 행사하고 있지만, 건전한 학문으로서의 경제학은 얄팍한 사상에 완전히 물들지 않았다. 그래서 '소유자가 주역의 자리에서 물러난다'는 흐름에는 변함이 없을 것이다.

다음 장에서는 현대의 '조직 경제학'이 회사 소유자(주주)를 어떻게 평가하는지 알아보겠다.

제7장

현대 경제학은 주주를
어떻게 평가하는가?

조직 경제학

경제사상사 돌아보기 ①
'좋은 돈벌이'를 위해

현대 경제학 이야기를 시작하기 전에 경제사상사가 하나의 큰 방향성을 가지고 전개되었다는 주장을 한 번 더 정리해보고자 한다.

경제사상사의 기점은 애덤 스미스다. 스미스는 개인의 이익 추구를 긍정했지만 모든 이익 추구를 긍정한 것은 아니다. 그에 따르면, 자본과 토지를 활용하여 이익을 얻을 수 있는 자본주의 경제에서 이익 추구 활동이 정당해지려면 다음과 같은 도덕적 조건이 갖추어져야 한다.

① 자유경쟁 시장은 공정한 규칙을 따르는 경쟁의 장일 것. 특히 자본을 움직이는 사람이 공정성을 의식하는 사람일 것.

② 자산을 사업에 활용하지 않고 임대하여 이익(이자 및 지대)을 얻으려 할 경우, 그 행동이 자산을 건전한 용도로 쓰는 데 도움이 되고 전체의 부(副)를 촉진할 것.

③ 강자가 약자를 지배하지 않고 상호이익 관계를 맺으며 약자 측의 능력도 활용할 것.

이 조건은 개인의 돈벌이가 전체의 부로 이어져야 한다는 사실을 강조하며 소위 '좋은 돈벌이'가 무엇인지를 규정하고 있다. 스미스 이후의 경제학사는 이 조건이 무너진 현실 – 전체의 부로 이어지지 않는 '나쁜 돈벌이'가 득세한 현실 – 을 직시하며 이 조건을 다시 갖출 수 있도록 경제를 바꿀 방법을 찾는 과정이었다.

밀과 마셜은 자본이 이윤 획득 기계로 전락한 결과 노동자를 혹사시켜 돈을 벌게 된 19세기의 현실을 직시하며, 자본가와 사업 경영자가 노동자에게 부를 분배해야 한다고 주장했다. 이것은 노동자를 공정하게 취급하라는 뜻이자 조건 ①과 조건 ③이 무너진 현실에 대응하는 방법이었다. 비용을 들여서라도 노동자를 공정하게 취급하여 협력을 촉진하고, 능력 향상을 도울 뿐만 아니라 첨단기술 개발에 적극적으로 투자해야 한다는 것이다. 회사의 부를 그런 방향으로 사용하면 무형의 자본인 '조직'이 충실해져 더 활기 있고 창조적인 회사를 만들 수 있다. 사업 경영자가 이렇듯 '좋은 돈벌이'에 힘쓰게 하려면 좋은 돈벌이를 하는 경영자를 세상이 높이 평가하고 그들에게 부를 위탁해야 한다. 올바른 행동을 했을 때 칭찬받는 환경이어야, 혹은 그릇된 행동을 했을 때 비난받는 환경이어야 사업 경영자도 철저한 윤리관을 갖고 일할 것이다. 그리고 이렇게 등장한 윤리관이 바로 마셜의 '경제 기사도'다.

케인스는 소유자와 사업 경영자가 분리된 20세기의 현실을 마주했다. 당시의 자산 보유자(저축하는 사람, 채권 보유자, 주주)들은 공정한 경쟁 속에서 고객에게 기쁨을 주어 돈을 버는 게 아니었다. 저축하는 사람들 역시 사회적 자본 축적을 촉진하는 데 긍정적 영향을 미치기는커녕 오히려 수요를 감소시키는 부정적 영향을 미쳤다. 채권 보유자는 말할 것도 없었다. 그들은 자산 보유자들만의 세상에서 살았으며 이자를 버는 행위는 어떤 누구에게도 기쁨을 주지 못했다. 이처럼 스스로 사업을 경영하지 않는 자산 소유자의 돈벌이는 사회 전체의 부유함을 촉진시키지 못한다는 의미에서 '나쁜 돈벌이'다. 저축하는 행위, 이자를 버는 행위는 스미스의 조건 ②를 만족시키지 않는다.

이자를 버는 소유자의 행동이 '나쁜 돈벌이'가 되는 것과 마찬가지로, 주식으로 돈을 벌려는 소유자의 행동도 '나쁜 돈벌이'가 되기 쉽다. 주주가 '좋은 돈벌이'를 하는 기업을 높이 평가한다면 그 기업은 '좋은 돈벌이'를 할 것이다. 그러나 회사의 실태를 모르는 사람들이 '미인 투표 게임'을 벌이기만 한다면 그 기업은 '나쁜 돈벌이'를 하게 될 것이다. '미인 투표 게임'이 벌어지는 주식시장에서는 회사를 평가할 때 장기적인 수익을 따지기보다 사람들이 요즘 그 회사를 어떻게 평가하느냐를 따지기 때문이다. 사람들의 평가는 단기적 업적에 좌우되기 쉬운데, 그런 상황에서 평가를 받아야 하는 기업의 경영자가 주가를 올리려면 단기적 관점으로 기업을 경영하게 될 수밖에 없다. 즉 장기적으로 기업 가치를 끌어올리는 투자를 억제해서라도 단기적 이익과 성과를 추구하게 되는 것이다.

그래서 주식시장에 휘둘리지 않았다면 발휘할 수 있었을 건전한 의욕, 즉 사회에 도움이 되는 사업을 육성하려는 의욕은 좌절되고, 원래는 존중받았어야 할 지식은 수포로 돌아가고 만다. 이처럼 기업을 좌지우지하는 주주들의 돈벌이는 스미스의 조건 ②를 만족시키지 않는다. 케인스의 눈에 비친 세상은 그런 모습이었다.

따라서 케인스는 밀과 마셜이 주장했던 '기업의 윤리화' 이전에 소유자의 돈벌이가 초래하는 제약을 배제함으로써 사업 활동이 견실하게 이루어지게 만들어야 한다고 주장하였다. 그러기 위해서는 국제통화제도나 국제금융기관의 국제자본 이동 규제, 공정한 국제무역제도를 통해 시장경제를 통제할 필요가 있다. 또 국내적으로도 관리통화제도, 적절한 금융관리, 적절한 유효수요의 안정화 정책이 필요하다. 이런 조건을 정비하고자 하는 정책이 바로 '케인스 정책'이다.

현대 경제학은 주주를 어떻게 평가하는가?

경제사상사 돌아보기 ②
지식 창조와 활용의 현장으로

우리는 케인스에 이어 케인스보다 전 시대의 경제학자인 마르크스를 살펴보았다. 자본주의를 극복하기 위한 마르크스의 사상은 스미스의 조건을 갖추기 위해 밀, 마셜, 케인스가 분투하여 얻은 결론과도 공통된 부분이 있다. 마르크스는 돈벌이가 공정한 경쟁이나 사회 전체 부의 증진과 무관해진 근원적 이유는 '사유' 때문이라고 생각했다.

'사유'란 타자와 벽으로 분리되어 있는 내부에서 소유자가 마음대로 할 수 있는 상태를 말한다. 근대 시민사회에서 사유재산권은 자신의 노동 성과를 자기 것으로 만들 수 있고, 또한 그것을 자신의 노동수단으로 활용할 수 있다는 뜻이었다. 그러나 고용자와 피고용자(생산수단을 소유한 자와 그렇지 않은 자)가 분리된 자본주의 경제에서는 자본이 사유재산이므로 자본을 소유한 자에게 마음대로 돈벌이를 할 권리가 주어진다. 이것이 자본주의의 문제의 근원이다. 따라서 자본주의를 극복하려면 자본을 사유할 수 있는 제도를 고쳐야만 한다.

그리고 마르크스는 '사유'를 극복한 다음에는 '자본의 개인적 소유'와 '노동자의 회사 점유'라는 새로운 소유 형태가 나타날 것이라고 했다. 그 모습을 상상해보면 이렇다. 기업은 주식회사 형태를 띠고 자본은 주식이라는 지분으로 나뉘어 주주, 즉 개인에게 배분되지만 그것이 사유재산은 아니다. 따라서 주주는 사유재산권자로서의 완전한 지배권을 행사할 수 없다. 회사의 실질적인 지배권은 점유자인 노동자에게 주어진다. 회사는 노동자의 의지로 결성된 조합이므로 민주적인 절차에 따라 경영이 이루어진다. 주주는 위험부담에 대한 대가로 적절한 보상을 받을 뿐, 자주적 경영에 개입할 수는 없다.

즉, 자본에서 '사유'의 성격이 빠진 것인데, 이처럼 주주의 사유를 벗어났다고 해서 실질적 지배권을 가진 노동자가 회사를 사유물로 만든다면 역시나 '사유'가 초래하는 반사회성을 해결할 수 없다. 따라서 회사의 자본, 즉 부는 어떤 사람의 사유물도 아닌 상태로 그것을 효과적으로 활용할 능력을 갖춘 노동자에게 맡겨져야 한다. 또 사회가 노동자에게 자본을 맡겼으므로 노동자는 사회의 신뢰에 부응하고 있다는 사실을 증명할 책임이 있다. 회사가 공정한 경쟁 하에 이익을 내며 사회에 도움이 되는 재화와 서비스를 지속적으로 만들어내기 위해 적극적으로 투자하고 있다는 것을 사회에 보여줄 책임이 있는 것이다.

지금까지 경제사상사가 '소유자가 주역의 자리에서 물러난다'는 방향성을 갖고 발전해왔음을 밝혔다. 이 방향성에 따라 지식을 창조하고 활용하는 주체가 아이디어를 실현하는 자본을 소유한 자로부터 부를 실제로 활용하는 자에게로 이동하고 있다.

이런 관점에서 소유자(사유재산권자)의 지식 활용에 관한 자유를 우선시한 하이에크는 큰 방향성에서 역행한 경제학자다. '시장은 선, 정부는 악'이라고 주장한 시장주의를 선도한 프리드먼 역시 소유권 확정과 자유시장이라는 처방전밖에 내지 못했다는 의미에서 본류를 벗어난 존재다.

주주의 지위는 후퇴할까 강화될까?

그럼 지금까지 한 이야기를 바탕으로 현대 경제학에 대해 본격적으로 살펴보도록 하겠다. 현대의 자본 소유자들은 어떻게 평가되고 있을까? 그것을 알아보기 위해, 조직 경제학이 회사의 소유자(주주)를 어떻게 평가하고 있는지 설명해보고자 한다.

결론부터 말하자면, '회사는 누구의 것인가?'라는 현대 경제학의 질문에 대한 대답은 '일단 주주가 주권자인 것으로 해두자'이다. 그러나 이 잠정적 결론은 우리가 경제사상사를 바라보는 관점에서는 충분한 대답이 아니다. 그래서 역사의 방향성에 비추어보아 다음 시대에는 무엇이 필요할까? 하는 문제를 책 말미에서 다루어보도록 하겠다.

주식회사 주주의 지위는 시대에 따라 변화되어왔다. 1932년
에는 베를[57]과 민스[58]가 공저 《현대기업과 사유재산》(*Modern
Corporation and Private Property*, 1932)에서 '소유와 경영의 분리'라는
현대 주식회사의 특징 – 이제 소유자와 주주가 회사의 지배권자
가 아닌 – 을 지적했다. 그리고 제2차 세계대전 이후 소유 경영
자는 후퇴하고 전문 경영자가 대규모 주식회사를 진두지휘하는
경향이 명백해졌다. 이처럼 주주가 회사에 미치는 영향력이 줄
어들자 회사는 주주의 이익을 위해서만 존재하지 않는다는 사고
방식이 우세해졌고, 기업의 사회적 책임이 강조되기 시작했다.

그러나 1960년대 말부터 흐름은 조금씩 달라지기 시작했다.
폭주를 방지하기 위해 '국가개입주의' 시대에 억제되었던 '금융'
이 이익 추구를 위한 자기주장을 펼치기 시작했기 때문이다. 주
주들이 경영을 전문 경영자에게 맡기지 않고 자신의 의결권을
행사하여 주주의 이익을 실현하는 일에 적극성을 띠게 되었다.

---

57 아돌프 A. 베를(Adolf Augustus Berle, 1895~1971) 미국의 법률가. '주식회사 혁명'의 전개
를 다룬 《현대기업과 사유재산》의 저자이다. 경영자의 권력 범위를 둘러싼 논쟁을 벌인 것으
로 유명하다.

58 가디너 민스(Gardiner C. Means, 1896~1988) 미국의 경제학자. 1932년 소유와 경영의 분리
를 경제적으로 분석했다. 또 1935년 발표한 논문 〈산업혁명과 그 상대적 비탄력성〉에서 관
리 가격 개념을 제시했다. 현실적인 관점에서 시장 구조를 분석하는 연구를 다수 진행하기도
했다.

꽤 많은 양의 주식을 소유한 기관 투자가가 압력을 가하면 이익을 뽑아낼 수 있다는 사실을 알게 되었기 때문이다. 또 그렇게 할 수 있도록 제도가 바뀌었다. 하이에크와 프리드먼 등 자유주의자들이 예전에 했던 주장 - 회사는 주주의 것이며 주주의 이익을 위해 행동해야 한다 - 이 서서히 받아들여지기 시작한 것이다.

'금융'을 묶어놓았던 제약이 풀린 후 현재에 이르기까지 시장주의가 주도권을 잡고 있다. 시장주의자는 회사 관계자(사원, 거래처, 자회사 등 이해 관계자)의 이익을 중시해야 한다고 말하지만, 그건 최종적으로 기업의 가치를 올릴(주주가 이익을 얻을) 수 있을 때의 이야기이고 그렇지 않을 때는 관계자의 이익 따윈 신경 쓰지 않는다. 기업의 사회적 책임도 중시해야 한다고 말하지만 그 역시 주주에게 이익을 가져다준 후의 이야기이지 그렇지 않을 때는 사회적 책임 따위 외면하면 그만이다.

이처럼 현재 경제의 주도권은 시장주의가 가지고 있다. 회사의 지배구조로 말하자면 주주에게 주권이 있는 것이다. 그러나 경제이론의 세계에서는 주주의 주권은 절대적 명제가 아니다. 결론적으로 주주를 주권자의 자리에 앉혔다 해도, 그것은 이견 없는 결론이 아니라 잠정적으로 내린 결론에 불과하다.

통념적 주주 주권론

　현대의 경제이론은 회사의 지배권을 누구에게 위임해야 한다고 주장하고 있을까? 차례대로 설명해보자. 우선 '주주가 회사의 지배권을 가져야 한다'고 주장하는 통념적 논리를 소개하고, 그 논리의 전제에 결함이 있음을 지적하겠다. 또 노동자에게 지배권을 위임할 때 생길 수 있는 문제점을 지적하고, 지배권에 관한 현대 경제학의 잠정적 결론을 설명하겠다.

　주주 주권을 옹호하는 통념적 논리란 이런 것이다.

　회사는 사람, 물건, 돈을 조달하여 소비자에게 재화와 서비스를 제공하기 위해 다양한 상대와 계약을 맺는다. 노동자와 노동계약을 맺고 노동이라는 생산요소를 받은 대가로 임금을 지불한다. 은행과는 채무계약을 맺고 돈을 빌린 대가로 이자를 지불한다. 제품을 납입하는 기업과는 판매계약을 맺고 제품을 보낸 대가로 대금을 받는다. 회사 경영이란 이런 계약을 맺고 진행하는 일을 말하는데, 사업이 잘되면 이들과의 계약으로 정해진 지불할 금액과 수령할 금액 사이에서 차액(잔여이익)을 남길 수 있다. 그리고 이 잔여이익이 누구에게 돌아가느냐에 따라 회사의 지배권을 누구에게 맡기느냐가 결정된다.

　지금까지 살펴본 바에 따르면 매우 다양한 집단에 지배권을 맡길 수 있다. 주주가 잔여이익을 가져가므로 주주에게 지배권을 맡긴다는 생각은 많은 선택지 중 하나에 불과하다. 주주에게 지불할 금액을 정해놓고 나머지 이익을 사원들이 가져갈 수도 있다(생산자 협동조합이나 사원 지배 회사인 경우). 주주와 사원에게 지불할 금액을 정해놓고 나머지 이익을 소비자에게 돌릴 수도 있다(소비자 협동조합의 경우). 이처럼 많은 선택지 중 주주에게 잔여이익을 귀속시키고 지배권을 부여해야 한다고 주장하는 것은 주주의 위험 허용도가 가장 크기 때문이다(주주는 유한한 책임만 지고 주식을 주식시장에서 언제든 매각할 수 있으므로). 잔여이익은 불확실하게 변동하므로 위험 허용도가 높은 주주에게 귀속되는 것이 바람직하다(반대로 위험 허용도가 낮은 주체는 확정적 계약으로 보호받는 것이 좋다). 잔여이익의 귀속처가 된 주주에게는 이익을 최대화하려는 동기가 있으므로, 주주에게 회사의 지배권을 주고 잔여이익을 최대화하도록 감시하는 역할을 맡겨야 한다. 따라서 주주가 의결권을 갖고 주주총회가 회사를 지배하는 최종적 권한을 갖는 '주주 주권'이 정당화된다.

이것이 주주 주권론의 근거가 되는 통념적 이론이다.

통념적 주주 주권론의 결함

그런데 이 주주 주권의 논리에는 중대한 결함이 두 가지 있다.

첫째, 회사가 주주 이외의 대상과는 지급 의무나 제품 인도 등에 관해 사전에 확정된 계약을 맺는다고 무조건 상정한다는 점이다. 그러나 실제로는 사전에 거래 대상과 완전히 확정된 계약을 맺기는 불가능하다. 예를 들어, 회사가 노동자에게 노동력을 받고 임금이라는 대가를 지불하는 경우를 생각해보자. 노동자가 노동에 어느 정도 노력을 할애할지, 어느 정도 노력을 기울일지를 사전에 확정하여 노동계약을 맺을 수 없기 때문이다. 그러므로 노동자의 노력을 유도하거나 학습을 촉진하기 위해 그들에게 잔여이익의 일부를 분배할 필요가 있다. 단, 주권자인 주주의 지위는 그대로 둔 채 노동자에게 적절한 동기를 부여하기는 어렵다. '잔여이익의 일부'라는 불확실하고 계약에 명기하기도 어려운 이득을 위해 노력과 학습 등의 자원을 투자할 노동자는 그리 많지 않기 때문이다. 그러므로 잔여이익의 배분 방식을 결정하는 일에 노동자를 참여시킬 필요가 있다. 다시 말해, 중요한 의사결정을 할 때 노동자의 경영 참여 형태 등으로 회사 지배권의 일부가 노동자에게 위임되어야 한다.

노력과 학습에 관한 장기적 고용계약을 예로 들었지만, 부품을 공급하는 하청 공장과의 계약이든, 은행과의 채무계약이든 모두 다 마찬가지다. 사전에 계약으로 모든 사항을 명기할 수 없다면 계약 상대자가 사후에 관여할 수 있는 여지가 필요하다. 따라서 논리적으로, 주주는 잔여이익의 유일한 귀속처도 유일한 지배권 보유자도 아니게 된다. 이것이 주주 주권 논리의 첫 번째 중대한 결함이다.

주주 주권 논리의 두 번째 결함은 주주가 회사 경영자에게 회사 가치를 최대화하는 행동을 취하도록 만들 만큼의 감시능력을 갖추었다고 상정하는 점이다. 그러나 소유와 경영이 분리된 현대의 주식회사에서는 주주가 충분한 경영 정보를 갖지 못한 외부자일 뿐이므로 당연히 내부자(실무 경영자나 노동자)보다 정보력이 떨어진다. 그렇다 보니 그들의 감시능력에는 한계가 있다. 회사의 중요한 정보를 모르는 주주는 유능한 감시자가 되기는커녕, 케인스가 '미인 투표 게임'에 빗대어 지적했듯이 회사의 가치를 진정으로 최대화하는 것과는 무관한 원리에 따라 행동할 가능성(단기적 주가 상승을 위해 장기적 회사 가치를 희생한다거나) 이 크다.

주주는 잔여이익의 귀속처이므로 잔여이익을 최대화하기 위해 감시를 게을리하지 않을 것이라는 논리도 설득력이 없기는 매한가지이다. 그들이 감시를 게을리했을 때 가장 큰 손해를 입는 사람은 유한한 책임만 지는 주주가 아니라 장기 고용계약을 기대하는 노동자들이다. 그들은 회사 형편이 나빠지면 직장을 잃고, 대부분의 기술이나 노하우가 그 회사 내에서만 통용되므로 그동안 투입했던 인적 자원이 물거품이 되는 것을 지켜볼 수밖에 없기 때문이다. 따라서 노동자가 자신의 장기적 이익 기반인 회사를 효율적으로 성장시키려는 자발적인 노력이나 회사가 위기에 빠졌을 때 회사의 재건을 위해 기울이는 노력이 주주의 감시능력보다 못하다고 생각할 만한 선험적 이유는 어디에도 없다.

이처럼 주주 주권론을 떠받치는 통념적 논리에는 큰 허점이 있다. 적어도 논리만으로 주주 주권론을 정당화할 수는 없는 것이다.

조직에 지배권을 위임할 경우의 문제점

앞서 살펴보았듯 주주 주권은 절대적 명제가 아니다. 그렇다면 회사의 지배권을 누구에게 맡겨야 할까? 판단을 내리기 위해 주주 외의 누군가, 그중에서도 검토할 가치가 충분한 사원(조직)에게 지배권을 맡길 경우의 문제점을 따져볼 필요가 있다.

조직에 회사의 지배권을 맡길 때의 문제점은 그들이 효율적으로 회사를 경영하지 못할지도 모른다는 것이다. 장기적 고용을 맺고 회사에 깊이 헌신한 사원은 경영을 효율화하고 사업을 확대시킴으로써 장기적 이익과 안정된 생활을 꾀할 것이다. 그러나 사원이 민주적으로 경영하는 회사는 기본적으로 경영이 위기에 빠졌을 때 사원에게 고통을 주는 경영개혁을 감행하기 어렵다. 회사의 장기적 번영을 위해 상여금을 조금 줄이는 정도라면 사원들도 장래의 이익을 생각하여 순순히 받아들일지 모른다. 그러나 임금을 대폭 삭감한다거나 해고를 동반한 구조조정을 해야 할 경우 합의가 쉽지 않을 것이다. 조직이 지배권을 가진 회사는 이처럼 회사의 자산을 낭비할 가능성이 높다. 기업 가치의 장기적 최대화를 위해 꼭 필요한 경영개혁이라 할지라도 실행하기가 어렵기 때문이다.

구조조정 같은 경영 위기가 아닌 평상시에도 사원 조직의 자율적 관리가 회사의 효율성을 떨어뜨릴 가능성이 있다. 사원 조직이 잔여이익 배분에 관여하면 노동자의 필요에 따라 분배가 이루어질 수 있기 때문이다. 요즘 노동조합이 '업무 편의' 관점에서 회사에 내건 요구 조건을 떠올려보면 이해하기 쉬울 것이다. 거의 경영 이익 전부를 내놓으라는 요구로 경영자 측은 상당 부분 그 요구를 거절한다. 그러나 잔여이익을 분배하는 것을 조직이 지배한다면 그러한 요구를 거절하기 어려울 것이다. 또한,

노동조합 등 조직에서 나온 요구가 반드시 노동자 전체의 업무 편의, 나아가 창조적 기업 활동을 실현한다는 보장도 없다. 누가 이득을 보는지 불분명한 요구에 다 응하다 보면 잔여이익은 낭비될 것이다. 게다가 조직의 지출은 대개 타성적으로 지출되는 경향이 있으므로 낭비가 습관화될 가능성 또한 높다. 노동조합과 경영자가 회사의 장기적 창조성을 최대화한다는 목적을 공유하고 함께 자율적 관리를 담당한다면 이런 문제는 일어나지 않을 것이다. 그러나 조직이 그렇게 잘 기능하리라 장담할 수 없다.

또 조직이 잔여이익 분배를 지배하다 보면 누구에게 얼마만큼 분배하느냐를 둘러싸고 갈등이 일어날지도 모른다. 개발 부문과 영업 부문 중 어디에 더 많은 예산을 할애하느냐, 연장자와 젊은이 중 어느 쪽에 더 이익을 배분하느냐 하는 문제를 놓고 내부적 갈등이 지속되면 역시나 자원이 낭비될 것이다. (주주에게 주식을 분배할 때는 주식 비율이라는 명확한 기준이 있으므로 갈등이 거의 일어나지 않는다.)

정리하면 이렇다. 조직은 기업 가치를 최대화하는 데 적합한 지식을 갖추었으며 보통은 의욕도 충분하다. 그러나 회사가 위기를 맞았을 때, 자율적 관리 조직이 원활하게 기능하지 않을 때, 혹은 분배를 둘러싼 내부 갈등이 발생했을 때는 효율적 경영(기업 가치를 장기적으로 최대화하는 경영)이 어려울 수 있다. 따라서 사원에게 회사의 지배권을 부분적으로 맡기는 것이 가장 효율적일 것이다. 지배권을 완전히 맡긴다면 심각한 문제가 생길 수 있다.

잠정적 해답은 주주 주권이다

그렇다면 회사의 지배권을 누구에게 맡겨야 좋을까? 주주와 사원 둘 다 문제가 있으므로 완벽한 해답을 찾을 수는 없다. 다만 잠정적인 해답은 현행 제도가 주주 주권을 채택하고 있으므로 일단 그것을 그대로 두되, 사원에게 부분적인 지배권을 맡기거나 일정한 이익을 분배하는 것이 장기적인 기업 가치의 최대화에 효과적일 것이다. 그러니 주주는 어느 정도의 지배권과 잔여이익을 조직에 넘겨야 한다. 이 win-win 관계를 통해 대부분 좋은 성과를 얻을 수 있을 것이다. 때로 자치권을 넘겨받은 조직의 낭비를 주주가 알아차리지 못하는 경우도 있을 것이고, 또는 주주가 단기적 이익만을 추구하여 잘못된 판단을 밀어붙일지도 모른다. 그러나 그것은 주변적 문제이고 '원칙으로서의 주주 주권'은 그런대로 괜찮다. 이것이 잠정적 해답이다.

사원 주권의 결함을 지적했던 것과 같은 관점에서 이 '잠정적 주주 주권'의 문제점을 이야기하자면 다음과 같다. 사원이 회사 자원을 낭비하지 않도록, 주주에게 귀속된 이익에 관한 수치를 사원이 해마다 회계 보고로 제출하도록 한다. 이익이 불충분하다면 경영자에게 책임이 돌아갈 테니 경영자는 이익을 되도록 많이 보고하려 할 것이다. 또 사원이 지배권과 이익 분배권을 모두 갖기 때문에 주주에게는 최저 보장 배당이 주어질 뿐, 내부에서 어떤 낭비가 일어나는지 아무도 알아채지 못하고 확인할 수도 없다. 그러므로 이익을 외부에 보고하는 형식을 취하는 것이다.

낭비하더라도 정보에 있어 열외에 있는 주주로서는 충분한 판단이 불가능하다. 그러므로 이익에 관한 수치를 보고하는 행동은 주주를 위한 것이 아니다. 낭비 없이 성과를 올리고 기업 가치의 장기적 최대화를 실현하여 최종적으로는 사회 이득에 공헌하기 위해서다. 이것이 '잠정적 주주 주권'을 채택하고자 하는 이유이다.

이처럼 현대 경제이론의 잠정적 결론은 '일단은 주주 주권'이다. 정보의 비대칭성과 확정할 수 없는 계약에 관한 문제를 완전히 무시하고 주주는 만능 지배권자라며 '순수 주주 주권'을 주장하는 사람은 지금의 경제학계에는 존재하지 않는다. 주주가 만능 지배권자는 아니지만, 그 이외(사원, 조직 등)의 주체가 지배하는 체제에도 문제점이 많으므로 일단은 잔여이익을 주주에게 귀속시키고 지배권도 일단은 주주에게 두자는 것이 대략의 합의이다.

그러나 주주가 '완전한' 지배권자에서 '잠정적' 지배권자로 물러난 점에 있어서 '소유자의 후퇴'라는 경제학의 흐름을 엿볼 수 있다. 이것이 지금 경제학이라는 학문이 나아가는 방향이다. 이 방향성에 비추어보면 하이에크와 프리드먼의 소유권자 예찬론이 주류가 아니라는 사실도 명확해질 것이다.

그러면 앞으로 회사의 지배구조는 '잠정적 주주 주권'에서 무엇으로 진화할까? 개인적으로 경제학의 역사는 지금의 방향을 유지하며 곧게 나아가리라 생각한다.

'잠정적 주주 주권'을 넘어서

현대 경제이론이 채택한 '잠정적 주주 주권'은 현행 제도를 크게 변경할 필요가 없다는 점에서 어른스러운 대응이라 할 수 있다. 그러나 주주가 지배권자로 있기 때문에 생기는 한계도 분명 있다. 바로 기업의 사회적 책임이 진정한 의미에서의 '사회에 대한 책임'이 아니라는 것이다.

현행 주식회사 제도하에서 기업 경영을 맡은 경영자는 주주에 대한 책임만 질 뿐 사회에 대한 책임은 지지 않는다. 그래서 기업의 사회적 책임은 그것을 표방함으로써 기업 가치의 장기적 최대화가 실현될 경우에만 의미가 있다. 사회적으로 의의가 있다 해도 기업의 수익으로 직접 연결되지 않는 지출은 허용되지 않을 것이다. 단, 그 지출 덕분에 사회적 평판이 높아지거나 노동자의 내적 동기가 높아져 장기적인 수익이 기대될 경우는 예외다.

마찬가지로 기업이 사회적으로 부정적인 효과를 내는 사업을 자제하는 데에도 한계가 있다. 주식회사는 생태계를 파괴하거나 방사능 오염을 발생시키는 등 사회에 심각한 부정적 효과를 미칠 수 있는 사업을 전개할 때조차 사회적 영향을 최소한으로 줄이는 데 충분한 관심을 기울이지 않는다. 사회에 아무리 심각한 손해를 끼친다 해도 기껏해야 손해배상으로 주주의 지분이 줄어들거나 없어질 뿐이기 때문이다. 주주로서는 사회적 위험을 줄이기 위해 '주식 가치×위험 확률 감소의 가치' 이상 비용을 들일만 한 동기가 없다. 따라서 회사의 평판을 저하시키지 않을 만큼만 대응하기가 쉽다.

실제로 경영자 개인은 그렇게까지 주주 이익에만 충실하지 않을지도 모른다. 사회적으로 의미 있고 보람 있는 일을 하려는 의욕으로 충만할지도 모르고, 사회에 미치는 부정적인 영향을 줄이려고 진지하게 노력할지도 모른다. 그러나 그 주관적 윤리성 역시 주주를 주권자로 둔 법 제도의 제약을 받을 수밖에 없다.

경영자에게 주어진 이런 제약은 노동자 개인에게도 주어진다. 회사라는 조직에서 일하려면 사내외 다양한 사람들과 관계를 맺어야 하고, 사람과 관계를 맺는 이상 누구나 도덕적, 윤리적 가치를 추구하고 싶어지기 마련이다. 즉, 경쟁이나 거래는 공정하게 이루어지기를 바랄 것이고, 조직에서 협력할 때는 서로가 서로를 인정하기를 바랄 것이다. 그러나 '이익을 올려라'라는 지상명제에 따르기 위해서는 그런 감정을 억누르거나 아예 존재하지 않는 것처럼 행동해야 할 때가 많다.

주주를 회사의 지배권자로 삼고 주주에게 이익을 벌어주는 것을 회사의 목적으로 삼은 이 시점에서, 새삼 우리가 왜 그래야 하는지 묻고 싶어진다. 왜 그것이 지상명제가 되었을까? 아무리 생각해보아도 고작해야 '이익을 얻지 못하면 회사가 없어져서 우리 스스로가 곤란해진다'라는 정도의 대답밖에는 나오지 않는다. 이처럼 직장에서는 자부심이 사라지고 사회적이어야 할 인간은 이윤 획득 기계가 되고 말았다.

다시 말해 우리는 이익의 의미는 묻지도 않은 채 그것을 목적으로 삼아버렸다. 이것이 주주를 지배권자로 두었을 경우의 한계다. 마르크스가 '사유'를 넘어서서 '개인적 소유'와 '노동자의 점유'라는 새로운 회사 형태를 지향한 것도 바로 이 한계를 돌파하기 위해서였다.

이익을 목적으로 삼아서는 안 된다. 이익 창출은 자부심을 갖고 오래 일하기 위한 조건이며, 또 일을 발전시키기 위한 기반일 뿐이다. 그리고 그 기본으로 돌아가려면 사유재산권, 즉 주주 주권 체제를 개선할 필요가 있다. 이것은 스미스의 자본주의의 조건을 새로 정비하는 일이기도 한데, 그 조건 중 첫 번째가 바로 '시장을 공정한 정신을 가진 사람들의 공정한 경쟁의 장으로 만들어야 한다'는 것이었다. 우리는 일의 내용, 일하는 방식, 장래 계획, 이익 분배에 관한 권한을 조직에 명시적으로 위탁해야 한다. 그래야 비로소 경영자와 노동자가 '이익은 우리가 자부심을 갖고 일을 계속하기 위한 자원'임을 인식하게 될 것이다. 그 변화가 노동자의 자치능력 발전과 내적 동기부여에 미칠 영향력은 결코 적지 않으리라 믿는다.

스미스에서 시작해 스미스로 돌아가다

지금까지 스미스가 제기한 자본주의의 도덕적 조건을 갖추기 위한 도전으로서의 경제사상사를 살펴보았다. 그것은 돈벌이가 공정한 정신이나 사회 전체의 부유해짐과는 무관한 이익 획득 기계로 전락한 현실을 극복하기 위한 도전이었다. 스미스가 말한 대로, 국가를 풍요롭게 만드는 양 날개(서민의 노력과 보이지 않는 손) 중 후자는 언제든 폭주할 위험이 있기 때문이다.

다시 말하자면, 돈벌이의 폭주에 방해받지 않고 서민의 노력을 이끌어내는 것이 풍요로운 나라를 만드는 가장 정당한 방식이다. 마르크스가 생각한 새로운 형태의 회사, 즉 노동자에게 부를 위탁하고 그에 상응하는 사회적 책임을 묻는 회사는 노동자들에게 채산이 맞는 한도 내에서 당신이 하고 싶은 대로 일하라고 요청하는 회사다. 이것이야말로 '서민의 노력'을 이끌어내는 가장 좋은 방법이 아닐까?

스미스에서 시작된 경제학은 스미스로 돌아간다. 이 사실을 통해 자본주의의 미래까지 짐작할 수 있지 않을까라는 생각이 든다.